アタッチメント
を学ぼう

北川 恵 Kitagawa Megumi

エピソードでつなぐ関係性の理解と支援

日本評論社

アタッチメントを学ぼう

はじめに

「気になる子どもがいる。家庭の様子も気がかりだ。アタッチメント※の問題があるのかもしれない。私たちはどう関わったらいいのだろうか」といった問題意識を，親子に関わる仕事をしている保育士や教師，心理職や支援従事者などが抱くことがあるだろう。筆者がアタッチメント理論を学び始めた1990年頃は，臨床心理学領域でアタッチメントという言葉にふれることがほとんどなかったことを思うと，親子に関わるさまざまな立場の人たちがアタッチメントに関心をもつようになったことは大きな変化であり，その視点が子どもや親に役立つことを願う。

筆者は，主に発達心理学領域で研究が進展していたアタッチメント理論に関心をもちながら，悩みや困難を抱える人たちへの支援にも関心があり，大学院で臨床心理学を専攻していた。臨床心理学の大学院にいながら，発達心理学領域の研究に取り組むという，少し異端な感覚ももっていたのだが，自由に研究をさせてくれる大学院の環境のもと，学内外の貴重なご縁に恵まれて学びと経験を深めることができた。

とくに，アタッチメント研究における世界標準の測定法である成人アタッチメント面接の訓練をアメリカで受けたことによって，ア

タッチメント理論についての理解がより本質に近づいたように思う。すると，当時は主に精神科クリニックで成人のカウンセリングをしていたのだが，臨床場面でもアタッチメントの視点が役立つように感じられた。2000年代になると，欧米でも研究と臨床実践の橋渡しという機運が高まり，筆者の関心も，アタッチメント研究の知見を臨床に応用し，乳幼児と養育者の関係性を支援することに移っていった。アタッチメント理論に基づく親子関係支援をアメリカで学び，日本で実践し，その効果研究に取り組んできた。

その頃から，臨床心理学や精神分析の訓練機関，家庭裁判所などの司法機関，子ども家庭センター，子育て支援に関わる公的機関や民間団体，社会的養護の現場などから，アタッチメント理論を学んで支援に活かすための講義や研修を依頼していただくようになった。研究者は，「ここまでは実証研究データで裏づけが得られているが，それ以上はデータがまだない」といった誠実な姿勢で研究知見を蓄積していく一方，臨床現場では得られた知見を総動員して目の前の支援ニーズに対応することが求められる。そうした真剣な姿勢から，いつも多くの質問を寄せていただき，筆者の考察も深まった。アタッチメント理論は決して万能ではないのだが，支援アプローチ全体のなかで，関係性という視点から問題を理解する指針となり，対象者と関わる支援者を勇気づけるものでもある。人は誰でも安全と安心を与えてくれる他者とのつながりを求めている。手を差し伸べにくいと支援者が感じる人たちには，そうなる背景がある。困った行動の背景を理解しようと関心を向けることが，安心感を与える関わりにつながる。他方，支援者は手応えを得にくいと，みずからの関わりに迷ったり自信をなくしたりするもので，支援者が支えられることも大切である。

研修や講義の経験を通して，生活者として経験するアタッチメントや支援の場で表れるアタッチメントについて，できるだけ多くの具体例をあげることが理解につながりやすいと感じてきたことから，本書においても架空のエピソードを多く添えた。本書がアタッチメントを導入的に学ぶうえで包括的な内容となるよう，研修では扱ってこなかったテーマも含めた。本書では，まずアタッチメントとは何か，その個人差と養育者の関わりについて述べ，次に，乳幼児期から人生後半に至る各年代のアタッチメントについて，測定方法も紹介しながら述べた。さらに，アタッチメントの視点に立った臨床的なテーマとして，喪失，病理・障害，親子関係支援，心理療法について述べた。最後に，普遍的と考えられているアタッチメントにどこまで文化的要因があるのかという議論も取り上げた。

　『アタッチメントを学ぼう――エピソードでつなぐ関係性の理解と支援』というタイトルに込めた通り，親子に関わるさまざまな立場のみなさまが，エピソードにふれながらアタッチメントを学び，関係性への理解を深めて支援に活かすことに本書が役立てばと願っている。

※　数井・遠藤（2005）は，Attachmentの訳語について，「愛着」と訳されることが多いものの，従来の日本語の「愛着」という言葉の意味と，ボウルビィが定義したアタッチメントの意味合いが違うこと，さらに，「愛着」という訳語は愛情と一緒になって理解されることがあるが，それはアタッチメントの本質（保護を求めての近接の確保）とずれることから，混乱を避けるために「アタッチメント」とカタカナ表記すると述べている。筆者もそれにならってカタカナで表記する。

アタッチメントを学ぼう

＊

目　次

はじめに　5

第1章
誰もがつながりを求めている……………………………15
　はじめに　15
　理論とその応用　16
　アタッチメントとは何か　18
　日常や実践への応用　19

第2章
アタッチメントの個人差
──大切な人とどうつながるか ……………………………27
　養育者とつながるために　27
　アタッチメントのパターン　28
　アタッチメントの連続性と変化可能性　31
　日常や実践への応用　33

第3章
安定したアタッチメントを育む
──養育者に必要な関わり ……………………………39
　子どもに安心感を与えるために　39
　養育者の敏感性　40
　子どものこころに思いを馳せて，ほどよく応答する　42
　日常や実践への応用　46

第 4 章

乳幼児期のアタッチメント ……………………… 51

 アタッチメントの個人差の測定方法　51

 分離再会場面におけるアタッチメントのパターン　52

 安心基地行動についての自然観察　55

 日常や実践への応用　57

第 5 章

児童期のアタッチメント ……………………… 63

 児童期の発達とアタッチメント　63

 児童期のアタッチメントの測定方法　64

 児童期のアタッチメントについての研究知見　68

 日常や実践への応用　69

●コラム①　"困った"行動とアタッチメント　73

第 6 章

青年期・成人期初期のアタッチメント ……………… 79

 青年期・成人期初期におけるアタッチメントの発達　79

 養育者とのアタッチメント　80

 親密な他者とのアタッチメント　85

 日常や実践への応用　87

第7章

人生後半のアタッチメント……93
　人生後半におけるアタッチメント対象　94
　人生後半におけるアタッチメントの個人差　96
　中年期の子どもと高齢になった親との関係性　97
　日常や実践への応用　98

第8章

アタッチメントと喪失……105
　アタッチメント理論からみた喪失への反応　106
　成人アタッチメント面接における喪失経験が未解決なこころの状態　107
　子ども時代における養育者の喪失についての実証研究　109
　日常や実践への応用　111

第9章

アタッチメントと病理・障害……117
　アタッチメント障害とアタッチメントの問題　117
　アタッチメントと精神病理　120
　逆境的な経験におけるアタッチメント　124
　日常や実践への応用　126

第10章

アタッチメント理論に基づく親子関係支援……131
　親子関係支援プログラム　132
　子どもの欲求がわかるようになる　135
　養育者の落ち着かない気持ちを支える　139
　日常や実践への応用　142

● コラム②　子どもを必要以上に叱ってしまう親
　　　　　──虐待の未然防止を考える　144

第11章

アタッチメント理論と心理療法 ……………………149

アタッチメントの個人差と防衛　150
成人アタッチメント面接　151
アタッチメントと心理療法についての研究知見　153
日常や実践への応用　154

第12章

アタッチメントと文化 ……………………………159

アタッチメントの普遍性と文化特異性　160
日本におけるアタッチメントの特徴　164
多様な敏感性のあり方　165
日常や実践への応用　167

おわりに　171

付録　本書で紹介したアタッチメント測定法の一覧　174
引用文献　175
索引　187

第 1 章

誰もがつながりを求めている

はじめに

　本書では，アタッチメント理論やそれに関する研究知見について紹介し，その視点を実践現場や日常場面での関係性理解や支援・対応にどのように応用できそうかを述べていく。最初に自己紹介をかねて，筆者にとってアタッチメント理論がどう役立ってきたのかを簡単に述べたい。

　筆者は高校時代の1年間，交換留学生としてアメリカで過ごした。ホームステイをして他の家族の一員となる経験を通して，親子関係についてこれまで自分が知っていたことは，あくまで自分の経験に基づく理解であったことを実感した。さまざまな親子関係のありようにふれて，「もしも違った家庭で育っていたら，自分はどうなっていただろうか」といった想像をし，それまで海外に向いていた関心は家族に向かうようになった。大学では心理学を学び，対人関係の個人差に関心をもつようになり，その原型は親子関係にあるのではないかと考えていた際，アタッチメント理論に出会った。当時，アタッチメント理論は，主に欧米の発達心理学領域で精力的に実証研究が進められていた。

その後筆者は大学院に進み，対人場面での受けとめ方の個人差をアタッチメント理論で捉える研究に取り組みながら，臨床心理士として精神科などでの仕事を始めた。精神病理や不適応を抱える成人の面接をしていると，臨床心理学の知識はもちろんだが，アタッチメントについての知識も臨床実践に役立つと感じていた。臨床の場で関わった人の多くが親との関係で困難を経験していたことから，しだいに，幼い子どもと親の関係性支援をしたいと考えるようになった。そのようなときに世界乳幼児精神保健学会（2006年）で，アタッチメント理論に基づく親子関係支援であるThe Circle of Security（COS）（Powell et al., 2014）について知り，これを学びたいと強く感じた。COS開発者による訓練を受け，日本での実践や日本への導入，効果研究などに取り組んできた。その間，筆者自身も親となり，みずからの子育てなどにおいてもアタッチメント理論が一つの大切な道しるべになってきたと感じている。

理論とその応用

　理論や研究知見と，臨床実践や日常生活との関係についてもふれておきたい。現実場面はさまざまな要因が複雑に作用していて，個別性の高い事象も多い。そうしたなか，一般化できそうな原理原則を導き出すために，重要と考えられる要因に着目して仮説を立てて検証する研究がなされ，理論化が進展する。そのため，エビデンスに基づく理論は，複雑な現象を捉える有用な視点になることが期待できる。一方，実証研究で統計的に有意な結果が認められたとしても，それがあてはまらない個別事例は存在する。すると，それも含めた原理原則を導き出そうとしてさらに研究が進展していく。

たとえば，乳幼児期のアタッチメントの質は成人になっても維持されるのかという問題意識に対して，ある研究では，研究対象者のうち72%のアタッチメントの分類結果が乳児期と成人期とで一致していた（統計的に有意な一致）という結果が得られた（Waters et al., 2000）。仮説は支持されたが，28%は不一致であったことも事実である。また，研究対象者によって結論は変わっており，生活環境が安定しにくい貧困などのリスクを抱えた対象者では，乳児期のアタッチメントの質が成人期まで維持されない（統計的に有意な一致はない）結果であった（Weinfield et al., 2000）。これらの研究から，乳児期のアタッチメントに加えて，育ちゆく時期の環境も考慮される要因となっていった（アタッチメントの質の連続性については，第2章を参照してほしい）。

　このような実証研究の積み重ねによって，理論は精緻化されていく。そもそもアタッチメント理論は，英国の児童精神科医ジョン・ボウルビィ（1907〜1990）が親との離別や死別を経験した子どもと多く関わってきた臨床経験から，それまで彼が準拠していた精神分析理論で説明しきれない現象をいかに説明できるかという問題意識に立って模索を重ね，考案した理論である。数多くの実証研究で裏づけられてきたことがアタッチメント理論の強みであるが，たえず進展し続けてもいる。一例として，アタッチメント理論については，非欧米での実証研究が不足している。今後，日本など非欧米文化圏での実証研究が発展することで，アタッチメントの普遍性や文化に応じた特色などについての理解が進むと期待できる。本書では，現時点の（主に欧米で蓄積された）アタッチメント研究の知見を紹介し，それを活かすための応用的な視点を伝えていくが，読者のみなさまの実感に照らしながら，その有用性や疑問などについてご意見を頂

戴できれば幸いである。

アタッチメントとは何か

　ボウルビィが子どもと親の絆の性質をどのように理論化してきたかについて，キャシディ（Cassidy, 2016）の記載を以下に要約する。
　ボウルビィは，不適応を抱えた少年などに関わる仕事を通して，発達早期の親子関係の問題がその後の精神病理につながると考えた。さらに，親との分離に際して子どもが怒りや絶望といった強い反応を示すことを観察し，子どもにとって親との関係は，将来への影響だけではなく，即時においても重要であると確信した。ボウルビィは，子どもが親を求める理由として，当時の精神分析理論や社会学習理論で主流であった二次的動因理論（ミルクを与えてくれるから，子どもは母親を求める）に疑問を感じた。比較行動学においては，鳥類のガンが餌をもらうこととは無関係に母親の後を追うことや，アカゲザルが，とくにストレス時に，ミルクよりも慰めを与えてくれる模型親ザルを求めることがわかっていた。ボウルビィは進化生物学，制御システム理論，認知心理学などの知見を取り入れて考察を深め，子どもが親を求めるのは生物学的に組み込まれた欲求であり，とりわけ脅威や苦痛を感じた際に，アタッチメント行動（泣く，声を出すなど）をとることでアタッチメント対象（親や養育者）との近接をはかり，保護されることで生存する確率を高める機能をもつと考えた。
　ボウルビィの理論化に貢献した一人が発達心理学者メアリー・エインズワース（1913～1999）である。とりわけ，乳幼児のアタッチメント行動を観察するための実験室的手法であるストレンジ・シチ

ュエーション法（Strange Situation Procedure：SSP）を考案し，実証研究を通してアタッチメント理論を精緻化することに貢献した。SSPでは，見知らぬ場所での養育者との短時間の分離というマイルドなストレスを子どもに経験させ，再会した養育者に子どもがどのようなアタッチメント行動を向けるかを観察する。多くの子どもが，泣いて養育者にくっつくといったアタッチメント行動を示し，養育者からの保護や慰めを得ると落ち着きを取り戻して，玩具で遊ぶなどの探索行動をすることができる。保護を求めるアタッチメント行動システムと，環境についての学習を促進する探索行動システムのどちらも生存のために重要である。養育者の存在は子どもにとって，外界を探索するための「安心の基地」とエインズワースは表現した（Ainsworth et al., 1978）。

日常や実践への応用

　以上がアタッチメントについての中心的な知見である。つまり，人は本質的に頼れる他者とのつながりを求めている。アタッチメントは本能的な欲求であり，また生涯にわたる欲求である。ストレスへの対処能力が限られている子ども時代はアタッチメント欲求が頻繁かつ切実に高まるが，大人になっても，危機的場面では本来，誰も一人ではいたくない。「誰もがつながりを求めている」のである。安心できて初めて探索（自分らしい挑戦，行動）ができる（安心感がないと始まらない）のである。

　この視点を生活場面や支援場面にあてはめるとどうだろうか。これまで筆者がふれてきたさまざまな場面に基づいて架空のエピソードを提示し，アタッチメントの視点で考えてみたい。

エピソード 1-1

　赤ちゃんが寝ているあいだに，母親は用事をしていた。目覚めた赤ちゃんの泣き声がしたので，母親は赤ちゃんのところに行き，声をかけて抱き上げた。母親がしばらくあやしていると，赤ちゃんは泣きやんで周囲の様子を見始めた。母親が，赤ちゃんが見ていた玩具を渡して声をかけると，赤ちゃんは玩具を手に取って遊び始めた。

　何気ない日常の一場面であるが，まさにアタッチメントに関するやりとりが行われているエピソードである。目覚めたときの赤ちゃんの泣きは，空腹や体温などといった生理的な要因によるものかもしれないし，独りぼっちが怖かったのかもしれないが，いずれにしても赤ちゃん一人では対処できない危機的場面である。泣くというアタッチメント行動に気づいた母親が赤ちゃんの近くに行き，赤ちゃんの状況を確かめながら保護や慰めを与えた。落ち着いた子どもは，「安心の基地」である母親のもとから，玩具で遊ぶという探索行動に移行することができた。
　このエピソードでは子どものアタッチメント対象として母親をあげているが，「母親」を「父親」「祖母」「祖父」「保育園の先生」など，子どもの養育に日常的に関わる大人に置き換えることもできる。乳児は複数の養育者にアタッチメント行動を向けており，実際に世話をしてくれる程度に応じて主要なアタッチメント対象が順序づけられる（Bowlby, 1969/1982）。子どもは，それぞれの養育者との実際の経験に基づいてアタッチメントを育むため，そのときに世話をしてくれる大人がアタッチメント欲求に応えてくれたという経験が重

要である。保育園の先生などは，本来は家庭で養育者と過ごすべき子どもを預かるという役割以上に，子どもがアタッチメント行動を向ける大切な存在なのだ。

なお，アタッチメント欲求に応える際には完璧である必要はなく，「ほどよい」関わりがむしろ望ましい（Powell et al., 2014）。養育者の対応が子どもの求めていることと違った場合，子どもは違うという信号を出してくれるので，それに気づいて軌道修正できるとよい。たとえば上記のエピソードで，母親が玩具を示した際，子どもがまだ探索よりアタッチメントを求めている状態であったなら，玩具から視線を逸らせたり，泣き声をあげたり，抱っこを求めたりというかたちで伝えてくれるだろう。それに気づいて対応を変えることができると，子どもにとっては，違うという信号も受けとめてもらえたという経験や自信になる。

エピソード 1-2

普段は狭い家のなかで走りたがる子どもを，せっかく児童館に連れてきたのに，子どもは泣きながら母親にしがみついて離れない。他の子は広い場所で楽しそうに走ったり，いろんな玩具で遊んだりしているのに。何を見せてもしがみついているだけで，何のためにわざわざ来たのか……。

安心感がないと始まらない。この原則はシンプルだが，安心感をどう与えるかは簡単でないこともある。この母親はきっと早く泣きやんでほしい一心で，子どもが喜びそうな玩具を次々に見つけて誘っていたのだろう。こうした関わりは，子どもの感じている不安が

大きいときは効果的ではないことが多い。

　大人の場合で想像してみてほしい。思い悩む気持ちを信頼する人に打ち明けた際，聞き手が「そういうときは楽しい話をして気持ちを切り替えよう」と明るい話題を次々にし始めたらどうだろうか。受けとめてもらえたとは感じにくく，思い悩んだ気持ちは置いてきぼりになるかもしれない。そうではなく，しっかりと話を聞いてもらい，気持ちの落ち着きを取り戻せたら，みずから前向きになって楽しい話題に移ることができるだろう。子どもが不安なときも，不安をしっかりと受けとめることが安心感につながると考えられる。筆者がSSPを日本で行った際にも，泣いている子どもに養育者がかける言葉しだいで，泣き声が変わることを観察できた。たとえば「すぐ戻ってきたじゃない」などと子どもの不安を否定する声かけには泣き声が大きくなり（まるで，「違うよ，すぐじゃないよ，独りぼっちで不安だったよ」と訴えるような泣き声），「怖かったね，もうどこにも行かないよ」などと子どもの不安を受けとめる声かけには泣き声がおさまっていった。

　もしも支援者がエピソードのような相談を母親から受けたとしたら，不安な子どもの気持ちを代弁するようなアドバイスをしたくなるかもしれない。しかし，がっかりしている母親の気持ちにも目を向けたい。少しでも広々した場所で子どもを遊ばせてあげたいと願って，児童館に足を運んだのだろう。背景事情に想像を膨らませてみると，もしかしたら自宅での子どもの足音が近隣に迷惑をかけないかと気苦労を重ねているのかもしれない。あるいは母親も日ごろは大人同士の交流機会が少なく，児童館で他の母親たちが楽しそうに談笑している横で，泣いてしがみつくわが子への対応に終始するしかなかったことをつらく感じているのかもしれない。支援者が，

まずは母親のつらさと前向きさを受けとめて,「せっかく児童館まで連れていったのに,本当にがっかりしましたね」などと声をかけて母親を支えることで,母親にも子どもの立場に思いを馳せる余裕が生まれるかもしれない。親にとっても,まずは安心感が必要である。

エピソード 1-3

　母親は,仕事に忙しい配偶者に対して,家事や育児を担ってもらうことをなかばあきらめている。ある休みの日,配偶者が子どもと遊んでいる。楽しそうに笑う子どもの顔を見て,母親は嬉しい気持ちになると同時に,日ごろ自分は余裕がなくて子どもに怒ってばかりだと悲しくなってくる。かんしゃくを起こす子どものしつけにも苦労していて,配偶者のように,機嫌のいい子どもと楽しく遊ぶだけならどれほどいいか,という複雑な気持ちが高まるが,せっかく子どもと遊んでくれている配偶者にそのような気持ちは伝えにくい。伝えてもわかってもらえないかもしれないし,どう伝えていいかもわからない。しだいにイライラした気持ちが高まり,大きな音を立てて食器を洗っていた。配偶者が驚いた顔で自分を見ていることに気づいた。

　母親は,自分で扱いきれない複雑な気持ちに圧倒されている。このようなときは気持ちを整える手助けを求めるアタッチメント欲求が高まっているのだが,この母親のように,アタッチメント信号をまっすぐに出せないことがある。自分が不安で誰かを頼りたいときに,助けを求めて拒絶されると,さらに大きな傷つき体験となる。

わかってもらえないかもしれないと予測したときに，まっすぐに助けを求めにくくなるのは自然な反応といえる。加えて，この母親のように，どう伝えていいかわからないと混乱しているために，自分の気持ちを伝えにくいこともある。子どもがかんしゃくを起こす場合なども同様のことが多く，かんしゃくを起こしたくて起こしているというより，扱いきれない混乱した気持ちがかんしゃくという行動に現れているのだろう。

　このエピソード場面に続く配偶者の行動を想像してほしい。母親の乱暴な食器の洗い方を厳しくとがめたら，母親の体験はどうだろうか。「わかってもらえないのではないか」という予想通りとなり，母親はさらに追い詰められるかもしれない。そうではなく「どうしたの？　何があったの？」と混乱した気持ちに関心を向けてもらえると，乱暴な行動の背後にあったアタッチメント欲求を受けとめてもらえた体験になるだろう。配偶者が互いの「安心の基地」になることで，それぞれのよいところを発揮して，子どもとの関係を育んでいけるだろう。誰もがつながりを求めている。

エピソード 1-4

　児童養護施設に新しく入ってきた子どもは，職員である自分にまったくこころを開かない。自分が若くて経験が浅いから駄目なのだろうか。自信をなくしてしまう。

エピソード 1-5

　保育士として気になる子どもがいる。両親と話をしたいが，両親はまったく問題意識をもっていないようで，声をかけると，うちの

子を問題児扱いするのかと責められてしまった。子どものことが心配だけど，あの両親ではどうしようもない。

　どちらのエピソードからも，語り手の傷つきが感じられる。私たちが誰かのアタッチメント信号に応える際，それによって相手のアタッチメント欲求が満たされることが手応えになる。エピソード1-1で述べたような母親は，朝も夜も待ったなしで赤ちゃんが発信するアタッチメント信号に応える日々を過ごしていると推測できるが，それでも，母親の対応で赤ちゃんが落ち着くことが手応えになっているだろう。養育者（本エピソードでは施設職員や保育士）が誰かの状態を案じ，手を差し伸べようとしても，簡単に手応えが得られないことはつらい体験である。養育者としての自分に自信をなくしたり（自分では駄目なのかもしれない），他者を責めたくなったり（あの両親はどうしようもない）するかもしれない。しかし，そういうときにこそアタッチメント理論が支えになればと思う。「誰もがつながりを求めている」ということは，このようなエピソードにもあてはまる。こころを開きにくい子どもは，アタッチメント信号をまっすぐに出せないパターンが強く形成されている可能性がある。子どもについての心配ごとを聞き入れない両親も，もしかしたら，本当は何かうまくいっていないことは察知しているかもしれない。そういうときに，助けてほしいというようなまっすぐな信号を出しにくくなっている可能性がある。このようなアタッチメントの問題については，のちの章で詳述したい。

　「誰もがつながりを求めている」というアタッチメント理論の視

点について，五つのエピソードから考えてみた。子どもがつながりを求めている相手は，自分の心身の状態に関心を向けながら日常的に世話をしてくれる養育者である。危険や不安の解消は最優先のニーズなので，養育者に安全と安心[※]を与えてもらって初めて，遊んだり，何かに挑戦したりといった探索ができる。子どものアタッチメント欲求に応えるためには，養育者にも「安心の基地」が必要である。子どもも大人も，まっすぐにアタッチメント信号を出しにくくなることがあるが，本当は何を求めているのだろうかと関心を向けてくれる他者がいることは大きな違いをもたらす。そうした関わりを根気よく続けることは簡単ではないので，養育者や支援者も他の誰かに支えられることが大切である。加えて，アタッチメントについての理解が深まることも助けになるだろう。

※　ボウルビィは，現実の危険（danger）と恐れの感情（fear）を区別したうえで，安全（safe）は危険がない状況であり，安心（secure）は恐れを感じない状態と整理している。現実は安全なのに恐れを感じることは起こり得るし，危険な状況であっても頼りになる人の行動のおかげで少しでも落ち着いていられることもある（Bowlby, 1973, pp.182-183）。本書においても，「安全」と「安心」という表現を，これにならって用いる。

第2章

アタッチメントの個人差
大切な人とどうつながるか

養育者とつながるために

　前章では,「誰もがつながりを求めている」と題して,アタッチメントが生涯にわたる基本的な欲求であることを伝えた。一人では対処できない危機的場面で恐怖や不安を感じたときに,頼れる他者との関係を通して安全や安心を得ようとするのがアタッチメント欲求なので,みずからの対処能力が限られている乳幼児においては,アタッチメント欲求は頻繁かつ切実に高まる。

　子どもにとっては,自分より強くて大きい大人であり,日ごろから継続的に世話をしてくれる養育者がアタッチメント対象となる。子どもは養育者を選ぶことはできない。アタッチメント欲求は切実だからこそ,養育者がアタッチメント欲求にどのように応答してくれたかという経験に基づいて,子どもはその養育者に最も効果的につながる方法を見出すようになる。それがアタッチメントの個人差となる。

　本章では,アタッチメントの個人差やその連続性,変化の可能性について述べ,これらの知見を日常場面にどのように活用できそうかを考えたい。

アタッチメントのパターン

　アタッチメント欲求は危機的場面で高まることから，乳児のアタッチメント行動はストレスフルな場面で観察可能になる。アタッチメント研究においては，見知らぬ場所での養育者との短時間の分離と再会というマイルドなストレス場面を設定し，そこで乳児が養育者に向けるアタッチメント行動を観察するストレンジ・シチュエーション法（SSP）が多く用いられてきた。この方法により，1歳前半の子どもが示すアタッチメントの個人差は大きく四つのパターンに分類される（表2-1）。まずは安定型（B型），回避型（A型），アンビバレント型（C型）の3パターンが見出され（Ainsworth et al., 1978），のちに四つ目のパターンである無秩序・無方向型（D型）が発見された（Main & Solomon, 1986）。

　多くの乳児は，見知らぬ場所で養育者が部屋から出ていくと，探索どころではなくなり，泣いたり，養育者を探したりと，アタッチメント欲求の高まりを示す。そこに養育者が戻ってくると，養育者に接近し，保護や慰めを求めるアタッチメント行動を養育者に向ける。養育者が保護や慰めを与えると乳児は落ち着きを取り戻し，玩具などに関心を示し始めるようになる。このように，不安なときは養育者に率直なアタッチメント行動を向け，養育者の応答で沈静化して探索に戻っていくことができるのが安定したアタッチメントのパターン（安定型）である。そうではなく，再会した養育者にアタッチメント行動を向けないタイプ（回避型）や，養育者に慰めを求めながらもなかなか沈静化しないタイプ（アンビバレント型）もいる。さらに，再会した養育者に対して，両手を広げながらも足取りは離れていったり（接近行動と回避行動が同時に発生），フリーズしたかの

表2-1 ストレンジ・シチュエーション法（SSP）でのアタッチメント行動のパターン，養育者との日常的経験，内的ワーキングモデル（梅村，2017；遠藤・田中，2005；坂上他，2024を参考に筆者作成）

行動		アタッチメント行動のパターン	SSP場面での子どもの行動の特徴	養育者との日常的経験	養育者との経験に基づく内的ワーキングモデル
組織化されている	安定	安定型（B型）	母親との再会場面で，母親に近づくなどのアタッチメント行動を示し，不安が沈静化されて探索に戻ることができる	子どもの欲求に敏感に応答する	養育者の応答性や自分が応答されることへの信頼に満ちた期待・予測に基づいて，率直に欲求を表出
	不安定	回避型（A型）	母親との再会場面で，積極的に近づかない回避的行動を示す	子どもが苦痛を示すと拒否したり，嫌がって子どもを遠ざけたりする	アタッチメント行動を表さないことで養育者のそばにいようとするアタッチメント行動表出の最小化方略
		アンビバレント型（C型）	苦痛を示しながらも，母親との接触に抵抗する。あるいは母親との関わりが受動的，探索行動も消極的で母親から離れようとしない	子どもの感情状態を適切に調整しにくい。子どもに対する反応が一貫性を欠いたり，応答のタイミングがずれたりする	不安を強く訴えることで養育者を引きつけようとするアタッチメント行動表出の最大化方略
組織化されていない		無秩序・無方向型（D型）	乳児のSSPにおける行動の意図を説明することができない。接近と回避という矛盾した行動が同時に起こるパターンや，再会直後に怯えて後ずさりするような親への不安を示す直接的指標など	虐待など，養育者が子どもを脅かしたり，あるいは，養育者自身の外傷体験未解決によってパニックに陥るなど，子どもの前で養育者が怯えたりすることが関連すると想定されている	安全・安心の源である養育者が恐怖の源でもあるという解決できないジレンマにより，かろうじての安全・安心を得る方略を形成できない。養育者に慰めを求める方略を組織化できないため未組織型アタッチメントとも呼ばれる

ように身動きが止まったりといった混乱した行動を示すタイプ（無秩序・無方向型）もいる（SSPによるアタッチメントのパターン分類についての詳細は，第4章を参照してほしい）。

このような行動パターンには，乳児がその養育者とのあいだで繰り返してきたアタッチメントに関わる経験が影響している（養育者側の敏感な関わりについては，第3章を参照してほしい）。乳児はアタッ

チメント欲求が高まる場面での主観的経験を通して,「怖かったり不安だったりするとき,自分がこんなふうに振る舞うと,養育者からはきっとこんな応答が返ってくる」といったイメージをこころのなかにもつようになる。そうしたイメージに基づいて,現在の状況で起こりそうなことをシミュレートする無自覚なこころの働きを,ボウルビィ(Bowlby, 1973)は「内的ワーキングモデル(Internal Working Model：IWM)」と呼んだ。たとえば,子どもが泣いて養育者を求め,養育者が抱き上げるとすぐに落ち着く様子は,子どもが「不安だ,養育者に助けを求めよう」「養育者が抱き上げてくれた。きっともう大丈夫」といった予測や期待をもっていることが関わっていると考えられる。

　一方で,泣いて養育者の後を追うと,「これくらいたいしたことではない」「また泣いているのか」などと拒絶される経験を繰り返すとどうだろうか。一人では対処できない恐れや不安を,養育者との関係を通して落ち着かせようとするのがアタッチメント欲求である。アタッチメント行動を示すと拒絶されるのであれば,子どもは泣きや後追いなどの行動をあまり表出しないことで,少なくとも養育者の近くにいることができるという見通しをもつようになると考えられる。それが回避型アタッチメントの子どもが身につけるアタッチメント行動表出の最小化方略である。あるいは,養育者からの保護や慰めが必要なときに,養育者からの応答が十分でなかったり,必要なときに応答が得られるとは限らなかったりする経験を繰り返すとどうだろうか。不安を強く訴えることで養育者を引きつけようとするアタッチメント行動表出の最大化方略を身につけるのが,アンビバレント型アタッチメントの子どもたちである。

　無秩序・無方向型は深刻度の高いアタッチメントの問題である。

これは，養育者による虐待や，養育者自身が抱える未解決のトラウマなどで，子どもを脅かしたり，養育者自身が怯えたりする状況と関連するとされている（Main & Hesse, 1990）。たとえば虐待を受けている子どもの体験をアタッチメントの観点から考えてみたい。虐待を受けて恐怖が高まり，安全と安心の拠りどころであるアタッチメント対象にくっつきたい欲求が高まる。しかし，養育者は恐怖の源でもあり，そこから離れたい。同じ養育者に対して，接近と回避という矛盾した欲求が高まり，混乱し身動きができなくなると考えられる。虐待のように養育者が子どもを脅かす場合だけでなく，養育者がトラウマや重篤な精神病理などによって子どもの前で文脈に関係なく怯えた状態に陥ることも，子どもにとっては恐怖を喚起する。このような子どもは安心感を得るための方略を形成できないため，「未組織型アタッチメント」と呼ばれることもある。幼児になると，こうした恐怖のジレンマ状況を避けるために，みずからのアタッチメント欲求よりも養育者の世話を優先するなどの「役割逆転」の特徴を示すようになる（Main & Cassidy, 1988）。成長後には，解離性障害などの精神病理を呈する可能性が高いことも指摘されている（Carlson, 1998）。

アタッチメントの連続性と変化可能性

　乳児期に形成したアタッチメントの個人差が，成長に伴ってどの程度連続するのか（時間的連続性をもつのか），変化する可能性はどの程度あるのか，という問題意識に沿って，長期間にわたる縦断研究が主に欧米で行われた。幼児期以降におけるアタッチメントの個人差の測定方法については第5章や第6章で詳述するが，アタッチ

メント場面で起こりそうなことについての物語作成を求めて，アタッチメントに関する期待や予測を評価する方法や，アタッチメントにまつわる来歴を面接によって尋ね，アタッチメントに関する記憶や感情についての情報処理方略を評価する方法などが用いられている（巻末の付録も参照してほしい）。

　さまざまな年代でのアタッチメントの連続性を縦断的に検討した127の論文をメタ分析した研究（Pinquart et al., 2013）によると，全体として，最初に測定されたときに安定型であった人がその後も安定型に分類される（あるいは最初に不安定型で次も不安定型に分類される）といった関連性は中程度の強さ（効果量）であった。アタッチメントの連続性を比較する期間が短いほど関連は強く，長期間，とくに15年以上になると連続性は統計的に有意ではなかった。中流階級では連続性が高く，貧困などの発達上のリスクを抱えている場合は低い連続性であった。その他のさまざまな縦断研究の結果（日本語では工藤，2020による概観も参照してほしい）からも示されている通り，乳児期に形成するアタッチメントの質は，のちのアタッチメント関係にある程度は影響するが，その後の経験によって変わり得ると考えられる。乳児期のアタッチメント経験が内的ワーキングモデルとして内在化され，その後のアタッチメント場面での予測や行動に影響するという仮説は，とくに，現実の養育環境が大きくは変わりにくい中流階級を対象とした研究や，短期間での連続性を検証する研究で裏づけられている。一方で，親の離婚や精神病理などによる養育環境の変化に伴ってアタッチメントの質が変わる可能性も示されている。成長に伴って認知機能などが発達し，経験してきたことを捉えなおす能力が高まることも，アタッチメントの質の変化を促す要因になると考えられる。

日常や実践への応用

　ストレンジ・シチュエーション法など，研究で用いるために標準化された測定方法は，厳密な手順に沿って実施し，訓練を受けた有資格者が分類することが求められる。そのため，臨床場面や日常生活での観察に基づいて，アタッチメントのタイプを安易に判断することは控えたい。私たちがぜひ知っておきたいことは，困ったときに自然に助けを求めやすい人もいれば，それをしにくい人もいるということだ。混乱した気持ちを行動上の問題で表したり，不安なのに誰も頼らなかったり逆に頼りすぎたりする人たちがいれば，その人が過去にそのように振る舞う必要性のある状況に置かれてきた可能性を考えたい。誰もが，自分が置かれている環境に懸命に適応しようとしてきたと考えられる。

　また，乳幼児のアタッチメントは，それぞれの養育者との経験に基づいて関係特異的に形成されるため，アタッチメントの質は子どもの特徴というより，関係性の特徴であるという認識も重要である。子どもにとっては，成長するに伴って，「人との関係できっとこういうことが起こるだろう」と一般化されたイメージ（表象モデル）ができあがるときに，一人でも応答的な養育者がいて，安定したアタッチメントを経験できることはプラスになるだろう。否定的な内的ワーキングモデルが一度形成されると，アタッチメント対象は応答してくれないといったイメージが修正されるまでには，応答される経験を何度も繰り返す必要がある。それでも，人生のどこかで自分のアタッチメント欲求に寄り添い応えてくれる人物の存在が重要になる。子どもにとってはそのときに関わってくれる大人の存在が，大人になってからでも大切な人の関わりが，重要な役割を果たすと

考えられる。

　日常生活場面でこのような視点をどのように活かすことができそうか，架空のエピソードを紹介しながら述べてみたい。

エピソード　2-1

　小学校高学年の担任になった先生は，一人でいることが多い生徒の様子が気になった。ある日，生徒がいつもより元気がないように見えたので，「今日は何だか元気がないように見えるけど，どうかした？」と声をかけた。生徒が「別に……」と手短に答えるのみだったので，「クラスでの居心地もどうかなあと気にかけているよ。何かあったらいつでも言ってね」と伝えた。すると生徒は「先生に言ってもどうしようもない」と答えて去っていった。

　このように言われると，先生は，自分が生徒に信頼されていないのだろうかと自信をなくすかもしれない。しかし，この場面で生徒は，出会ったばかりの先生について「この先生に言ってもどうしようもない」と判断したというよりも，過去の経験に基づいてそのような予測をしたと考えるほうが適当だろう。先生が生徒の状態を日ごろから気にかけて，様子の変化に気づいて声をかけたのは敏感な対応である。安定したアタッチメントをもつ子どもであれば，もう少しまっすぐに先生を頼るかもしれない。一方，この生徒は「先生に言ってもどうしようもない」と先生が差し伸べた手を拒むような言い方をしながら，自分が何かに困っている現状を態度や様子で伝えてもいる。困っているとき，本来は誰もがつながりを求めている。この生徒の場合，過去においてはつらい気持ちを自分で抱え込むこ

とが，大切な人のそばにいる最善の方略だったのかもしれない。先生は，そうした背景を仮定しながら，生徒の反応を引き出そうと強いることなく，あきらめて無関心になることもなく，根気よく手を差し伸べ続けてほしい。

エピソード 2-2

　女性はこれまで勉強も仕事も人一倍の努力をしてこなしてきた。しかし，子育てと仕事の両立が始まると，これまでのような努力では対応しきれない困難を多々感じ始めた。時間も体力も限界だったが，自分が頑張るしかないと思い詰めていた。配偶者が「疲れているのでは？」と尋ねても「大丈夫」と返していた。

　ある日，配偶者が「このままでは心配だし，何か工夫できることを一緒に考えよう」と伝えたが，女性は「大丈夫，放っておいてほしい」と答えた。配偶者は「本当に放っておいてほしいの？　心配しているし，力になりたい」と続けた。女性には予想もしない配偶者からの言葉だった。これまで女性が経験してきたパターンでは，「放っておいて」と言うと，たいていそのまま放っておかれ，結局一人で頑張るしかなかった。ハッとした女性は，おそるおそる自分のつらさを伝えてみた。配偶者は親身になって耳を傾け，力になってくれた。

　その後，女性は，どうして自分が「放っておいてほしい」と言ったのだろうかと考えてみた。すると過去に自分の養育者から，「そんなことぐらいで弱音を吐いて」「あなたが頑張るしかないでしょ」といった言葉が返ってきた記憶がよみがえってきた。そういえば，小学校のときも自分のことを気にかけてくれた先生がいたが，その先生にも「放っておいてほしい」という態度をとっていたこと

を思い出した。それでも，先生が気にかけてくれていることは伝わっていて，見守られているという感覚をもてていた。その経験があったからこそ，今回，配偶者の言葉にハッとしたのかもしれないと考えた。

　エピソード2-1で述べたような先生が，生徒に根気よく寄り添うことで，アタッチメントの修正体験が実現するかもしれない。一方で，先生が関わっている期間中は変化が目に見えるかたちにならないこともあるかもしれない。しかし一つひとつの経験が積み重なって表象モデルが形成されていくということ，そして，困ったときは誰もが頼れる他者とのつながりを求めているというアタッチメントの原則を信じて，気になる子どもに関わっていきたい。女性が"いつものパターン"と感じたように，拒絶された経験に基づいて内的ワーキングモデルが形成されると，困ったときに人を頼らないという行動が導かれるようになり，その結果，やはり人は助けてくれない，自分で対応するしかない，という予測が確証されやすくなる。これを変えていくには，予測を反証するような，困ったときに誰かが親身になって助けてくれたという経験をもてることが鍵となる。女性が仕事と子育ての両立で困難に陥ったように，これまでのアタッチメント方略では立ちゆかなくなる危機的場面はとくに，（わかりにくい伝え方になるかもしれないが）助けを求めざるを得ず，そこで適切に応答してもらえることで，アタッチメントの修正体験をもてるチャンスになる。
　このように親身になってくれる配偶者を選択できたということは，この女性の大きな強みであり，もしかしたら，小学校時代の先生が

見守ってくれたという経験が，こうした対象を求める力になったのかもしれない。

　本章では，アタッチメントを回避する傾向がうかがえる小学生と成人女性の架空エピソードを紹介した。相手の応答性を確かめ続けずにおれない，分離不安や見捨てられ不安が強いアンビバレント傾向の場合も同様で，「必要なときにはたいてい他者は応えてくれる。だから安心して自分のことに挑戦したらいい」と本人が思えるようになるまで，安心感を満たし，自律性を支え励ます関わりを，周囲が根気よく続けることが原則となる。一人でも応答的な他者がいること，現在の環境が安全で安定していること，そうした状況のなかで，かつては満たされなかったかもしれないアタッチメント欲求をまっすぐに求める気持ちが確かになっていく。過去の経験を捉えなおし，その影響を自覚しながらも，そこから自由になって大切な人と新たなつながり方をしていくことも可能になる。幼少期の経験はもちろん大切だが，いつでも未来に向けて変わっていく可能性を私たちはもっており，そのために現在の関係性が大切な役割を果たすといえる。

第3章

安定したアタッチメントを育む
養育者に必要な関わり

子どもに安心感を与えるために

　危機的場面で安全・安心を確保することは優先度が高い欲求である。みずからの対処能力が限られている子どもの場合、自分より強くて大きな大人である養育者との関係を通して安全・安心を得ようとするアタッチメント欲求が頻繁かつ切実に高まる。そうした場面で養育者がどんなふうに応えてくれたかという経験に基づいて、子どもはさまざまな方略でアタッチメントのシグナルを出すようになり、それがアタッチメントの個人差となる。危機的場面で率直にアタッチメント信号を表出し、養育者の保護や慰めによって落ち着きを取り戻すことができるような安定したアタッチメントは、その後の発達をプラスに支える基盤となることから、養育者のどのような関わりが子どもの安定したアタッチメントをもたらすのかが注目されてきた。
　エインズワースは精力的な自然観察研究を通して、子どものシグナルに早く適切に応答する養育者の関わりが安定したアタッチメントの形成に重要であることを見出し、そうした関わりを「敏感性 (sensitivity)」と呼んだ (Ainsworth et al., 1978)。アタッチメントの質

には子ども側の要因も影響しているのではないかと，子どもの気質や遺伝子の影響が検討されてきたが，養育環境の影響のほうが大きいというのが現在の知見である（Fearon & Belsky, 2016）。子どもの特徴は，アタッチメントの質に直接影響するというよりも，養育環境からの影響の受けやすさに違いをもたらす可能性が示されている。たとえば，イライラしやすい気質の子どもほど養育環境の影響を受けやすく，養育者が敏感性を高めるための支援を受けると子どもにすぐその効果が表れて安定型アタッチメントになりやすい一方，養育者が支援を受けないと不安定型アタッチメントになりやすいことが示されており（Cassidy et al., 2011），こうした検討が今後も進むと考えられる。

　本章では，安定したアタッチメントの先行要因として養育者側の関わりに注目する。まず，エインズワースが提唱した敏感性の概念と，それを評価する尺度を紹介する。次に，敏感性以外の養育者の特徴について述べ，そうした知見を日常や臨床場面にどのように応用できそうかについても述べる。

養育者の敏感性

　ボウルビィが提唱したアタッチメント理論を観察研究で裏づけたエインズワースは，上記のように，子どもが安定したアタッチメントを形成する先行要因として，養育者が子どものシグナルに早く適切に応答する敏感性が重要と考えた。敏感性の個人差を評価するためにエインズワースが開発した尺度は，1978年に出版された書籍（Ainsworth et al., 1978）の2015年版に収録されており，その概要は次の通りである。

敏感性の基本的な要素は，①子どものシグナルに気づくこと，②それを正確に解釈すること，③適切に応答すること，④素早く応答すること，である。つまり，子どものシグナルを無視したり放置したりしない，というだけではなく，子どもからの微細なシグナルに気づくかどうかもポイントになる。気づいたシグナルに対して，養育者の思い込みや期待，気分によって歪んで受けとめることなく，正確に解釈し，共感的に受けとめることが必要になる。そうしたことができているかは，子どもが伝えようとしていることに素早く適切に応答する行動に表れる。子どもの求めていることが十分に満たされるまで応答することも適切な応答である。また，子どもにとって，養育者の行動が自分のシグナルに応えてのものであると思える程度に素早い応答であることも大切である。子どもは，自分のシグナルに養育者が応えようとしている，応えてくれる，という感覚をもつことができる。

　エインズワースの敏感性の尺度は，9段階で評価される。9点（極めて敏感である）の特徴は，上記すべてを満たしていることである。それは子どもの言いなりになるという意味ではなく，子どもの欲求通りに応えるのが適当でない場合は，子どもが受け入れやすい代わりの提案をして折り合いをつけるような対応も含む。7点（敏感である）は，子どもへの応答において小さなミスマッチをときどき起こしたとしても，子どものシグナルから深刻に逸脱した対応はない場合に与えられる。5点（一貫しない敏感さ）は，子どもからのシグナルに敏感に応答している場合とそうでない場合があるものの，全体として敏感である場合が多いときに与えられる。3点（敏感でない）は，素早く適切な応答をしている場合があるものの，敏感でない応答をする頻度のほうが高いときに与えられる。1点（まった

く敏感でない）は，養育者の都合だけに基づいて相互作用が起こっているような場合である。子どものシグナルにまったく対応しないという意味ではなく，子どもが強く，長く，繰り返し訴えると対応することもある。養育者の対応は，部分的で不完全なことが多い。

　その後の多くの研究者によって，養育者の敏感性と子どものアタッチメントとの関連が検討された。それらの研究知見をメタ分析したところ，非臨床群（治療などを受けていない一般の研究協力者）において，観察で評価した養育者の敏感性と，ストレンジ・シチュエーション法で評価した子どものアタッチメントとの関連は中程度に高いという結果であった（De Wolff & van Ijzendoorn, 1997）。

子どものこころに思いを馳せて，ほどよく応答する

　上記のメタ分析の結果は，養育者の敏感性が子どものアタッチメントの質への重要な先行要因となることを裏づける一方，それ以外の要因も影響する可能性を示すものであった。

　アタッチメントの先行要因を検討するために，キャシディ（Cassidy et al., 2005）は，母親の敏感性の高低と子どものアタッチメントの安定・不安定が一致しなかった事例を詳細に観察した。その結果，子どもが遊んでいる場面で母親の敏感性が高くても，子どもが苦痛を感じているときに母親が子どもを怖がらせる行動をとっていると，子どものアタッチメントは不安定型になっていた。また，全般的な観察場面では母親の敏感性が低くても，子どもが苦痛を感じたときには慰め，探索に出ようとするときにはそれを支えるような安心基地行動をとれていると，子どもは安定したアタッチメントとなっていた。そのことから，子どもの安心基地の役割を果たして

いる，子どもを怖がらせるような極端に否定的な関わりをしていない，という二つの条件を満たしていれば，母親の多少の敏感性の低さは子どもにとって許容範囲であると報告している。

　養育者が子どもを怖がらせたり，養育者自身が怯えたりすることは，子どもにとっては，安全と安心の拠りどころであるはずの養育者が恐怖の源になるため，深刻なアタッチメントの問題であり，メンタルヘルスの問題にもつながるとされている。このような混乱した養育行動は，AMBIANCE（The Atypical Maternal Behavior Instrument for Assessment and Classification）やその簡易版AMBIANCE-Briefで評価され，子どもの無秩序・無方向型アタッチメントと関連することが示されている（Cooke et al., 2020）。泣いている子どもに「おいで」と言いながらからだは遠ざけるような情緒的コミュニケーションのエラー，養育者が子どもに情緒的慰めを求めるような親子の役割や境界の混乱，文脈に関係のない気分の急変や突然の無表情などの混乱と恐怖を伴う行動，乱暴で侵入的であったり子どもの行動を否定的に意味づける敵意的な行動，子どもから距離をとったり視線をまったく向けないような身を引いた状態などが，この尺度で評価される。養育者がこれらの行動を示さない，ということも，子どもが養育者から安全と安心を得るために重要である。

　そのうえで，養育者が目指すべきは，完璧な敏感さではなく，ほどよさである。乳児と母親の対面での相互作用を詳細に観察した研究では，乳児が関わりを求めているときに母親がそれにマッチした応答をしていた確率は，平均しておよそ3割であったと報告されている（Tronick & Cohn, 1989）。また，子どもの行動にすぐさま対応する程度（随伴性）を分析した研究からは，ある程度までの随伴性の高さは敏感性の高さと関連するものの，随伴性が高すぎると敏感性

が低くなるという結果が得られており，敏感な養育者は子どものすべての欲求にすぐさま応えているわけではないこと，それにより子どもの自律性を育んでいることが考察されている（Bornstein & Manian, 2013）。ほどほどの応答性が望ましいといえそうである。

　子どもの安定したアタッチメントに関わる養育者の特徴を，観察可能な行動レベル以外から捉える試みもある。泣いている子どもを抱き上げて慰める敏感な養育行動をとることができるのは，その前提として，「起きたら一人で寂しかったのかな」「大きな音を聞いてびっくりしたのかな」と，子どものこころに思いを馳せることができるからだと考えられる。こうした特徴は，養育者の「内省機能」や「洞察力」などと呼ばれている。ここでは筆者がかつて訓練を受けた「洞察力」の測定方法を紹介する（表3-1）。

　オッペンハイムらは，敏感な養育行動の基盤となる「子どもの視点からものごとを捉える」養育者の特徴を「洞察力」と定義し，それを測定する方法を考案した。洞察力の具体的な特徴は，子どもが示す行動の動機について洞察できること，子どもを多面的な感情をもつ存在と捉えること，子どもについての新たな（ときに予想しなかったような）側面に開かれた態度であることの3点である。測定に際しては，複数の場面で子どもと養育者の相互作用をビデオ撮影する。インタビュアは，母親とビデオを視聴し，それぞれの場面で，子どもは何を思ったり考えたりしていたと思うか，普段の子どもの特徴が表れていたか，養育者自身はどう感じたかといった質問をする。逐語記録された養育者の回答に基づいて，最終的に，「明確な洞察力があるタイプ（Positively Insightful）」「洞察力がなく一面的なタイプ（One-Sided）」「洞察力がなく離脱的なタイプ（Disengaged）」「洞察力がなく混合的なタイプ（Mixed）」のいずれかに分類される。

表3-1 養育者の洞察力の測定手続きと分類（Oppenheim & Koren-Karie, 2002に基づいて筆者作成）

測定手続き
【子どもと養育者のビデオ撮影】
　子どもの年齢に応じた，複数の場面での子どもと養育者の相互作用をビデオ撮影する（幼児であれば一緒に積み木で家作り，乳児であれば自由遊びなど）
【養育者へのインタビュー】
　ビデオ場面での子どもの気持ちや考え，養育者自身の気持ちや考えについてインタビューする

分類
【インタビュー逐語記録に基づく評価と分類】※訓練を受けた有資格者が評価・分類する
　まず，「洞察力」「多面的見解」「開かれた態度」など10尺度に7段階で評定する
　次に以下の4カテゴリーのいずれかに分類する
〈明確な洞察力があるタイプ〉Positively Insightful
　子どもの行動の背後にある動機を子どもの視点に立って理解しようとし（洞察力）
　子どもの良い面もそうでない面もバランスのとれた捉え方をし（多面的見解）
　ビデオを見ることで子どもについての新たな理解を深める（開かれた態度）
〈洞察力がなく一面的なタイプ〉One-Sided
　子どもの良い側面，もしくは悪い面だけに偏った語りをする（多面的見解が低い）
　子どもについて既有の認識を前提に子どもを捉える（開かれた態度が低い）
〈洞察力がなく離脱的なタイプ〉Disengaged
　情緒的関与が低く，気持ちより行動に目を向ける（洞察力が低い）
〈洞察力がなく混合的なタイプ〉Mixed
　複数の語り方の特徴が混在している
　養育者の主な語り方を同定しにくい

「明確な洞察力」をもつ養育者は，子どもの行動の根底にある動機を考えようとし，子どもの良い面もそうでない面も開かれた態度で捉え，ビデオで見た子どもの様子から子どもについての新たな理解を深める。それに対して，「一面的」な養育者は，子どもを良い子，あるいは悪い子などと一面的に捉え，固定観念を変えることが難しい。「離脱的」な養育者は，子どもの気持ちに関与しない態度で，子どもの気持ちを尋ねられても「わからない」などと短く答えることが多い。複数の特徴が混在している場合は「混合的」に区分され

る。「明確な洞察力があるタイプ」に分類された養育者の子どもは安定型アタッチメントになりやすいことが確認されている（Oppenheim & Koren-Karie, 2002；Oppenheim & Goldsmith, 2008）。

日常や実践への応用

ここまで述べてきた知見を，日常場面にあてはめて考えてみたい。

エピソード 3-1

　A君は幼稚園での初めての発表会に向けて張り切って練習していると，母親は担任から聞いていた。A君は「発表会までは内緒」と家では練習内容を披露しなかった。当日，父親は仕事で見にくることができず，母親はビデオカメラを手に最前列で出番を待った。ところが幕が開いた途端，A君は固まってしまった。担任が優しく促しても発表に参加できず，泣きながら母親の足にしがみついた。母親は驚いたのと同時に，周囲の視線を受けながら，他の子どもたちが舞台で発表しているのにどうしてA君はそれができないのかと恥ずかしさも感じた。母親がA君を舞台に戻そうとするほど，A君は強くしがみついた。帰り際，母親は担任から，A君がこれまで本当に頑張っていたことをあらためて伝えられたが，気持ちが晴れないまま帰宅した。

　母親は，一呼吸ついて，A君にとってどのような体験だったかを考えてみた。初めての発表会，幕が開いてみたら，想像を超える大勢の大人たちが目の前にいてとても驚いたのだろうと思えた。人一倍頑張ってきたからこそ，やる気が高かったからこそ，動揺が大きかったのかもしれない。これまで天真爛漫で，何でも披露してくれ

ていたＡ君だったが,「発表会まで内緒」という姿に母親は成長を感じていた。本番で見せた緊張しすぎる姿も成長しているＡ君の新たな一面なのかもしれないと思えた。すると，Ａ君のことがいじらしく，また，本人が誰よりもショックを受けているのだろうと思えた。

　母親はＡ君を呼び，優しく抱き寄せながら，推測したＡ君の気持ちを代弁するような声かけをした。Ａ君は安心した表情になり，帰宅した父親に，「見てもらう約束だったから」とこれまで練習してきたことを披露した。両親が大きな拍手を送ると，Ａ君は嬉しそうな笑顔になった。

　子どもが期待とは違った行動をとると，養育者は失望し，期待通りの行動をとるよう促したくなるだろう。子どもは大切な存在だからこそ，子どものことで養育者はつい冷静さを失うことがある。この母親も発表会の場では戸惑いが大きかったが，一息ついて冷静さを取り戻し，子どもの視点で考えることができた。母親は，「Ａ君は意気地なしでどうしようもない。親に恥をかかせることも許せない」と否定的な動機を読み取ったり（洞察力がなく一面的），「幼稚園児なんてこんなものなのかな」とＡ君自身のこころに思いを馳せなかったり（洞察力がなく離脱的）することなく，これまで天真爛漫だと思っていたＡ君が，なぜ，あの場面であのような行動にいたったのかを，Ａ君のこころを想像しながら思いめぐらせた（明確な洞察力）。「頑張っていたからこそ驚いた。ちゃんとできなかったことにＡ君自身が一番傷ついている」，そう思いいたった母親がとった行動は，敏感な行動であったと考えられる。Ａ君は落ち着きを取り戻

し，両親の前で，練習してきた成果を披露することができた。子どもにとっては，気持ちを落ち着かせてもらうこと（アタッチメント）も，安心感に支えられてさまざまな挑戦を実際にできること（探索）も，成長を促す重要な要素である。それを支える養育者の関わりが，子どもにとっての安心基地である。

　安全で安心だと思えることが，探索の前提条件である。何らかの困難や不安を抱えている人たちへの支援においても，状況や気持ちを見つめなおし，新たな一歩を踏み出すためには，支援の場で安心感をもてることが不可欠である。子どもに安心感を与えるために必要な養育者の関わりが，支援者にとってもヒントになる。

エピソード　3-2

　母親は，子どもの不登校について，継続して面接相談を受けていた。ある回の面接で，学校に行けない子ども自身が一番つらいのだろうと母親は語った。次の回，母親は，担任に朝の迎えにきてほしいと子どもに内緒で頼んだことで，子どもが激しく怒り，自室にこもってしまったと報告した。相談員は，母親が子どものつらさをよく理解していると思った直後だっただけに，そうした行動に驚き，衝撃を覚えた。次の瞬間，そのような行動をとりたくなった母親の気持ちに思いをめぐらせた。相談員は，母親自身が担任の力を使ってでも子どもを学校に行かせたいという強い思いがあったこと，それを面接の場では語っていなかったことにもあらためて気づいた。もしかすると，母親はこれまでの面接では相談員の期待に応えて，子どもの気持ちへのものわかりのよさを示していたのかもしれないと思えた。

　そうした仮説をもちながら，母親自身の苦しみに丁寧に寄り添っ

て耳を傾けると，母親は周囲の期待に応えることを常に求められながら育ってきたと来歴を振り返った。期待に応えて褒められることが手応えであったものの，期待に応えられないと見捨てられるのではないかという不安を常に抱えていたことが語られた。同じようなプレッシャーを子どもに与えていたのかもしれないと語った母親の目からは涙があふれはじめた。自分の期待に応えて学校に行けない子どもを受け入れるのかどうかを自分は問われているのかもしれない，としばらく考え，「私は子どもを受け入れます」と語った母親の言葉は力強かった。

　支援対象者のこころに丁寧に寄り添う関わりは，多くの支援者が臨床の訓練を通して身につけ，自然にしている対応かもしれない。そうした関わりの大切さをアタッチメント研究知見が裏づけている。支援者も懸命だからこそ，対象者の行動に当惑したり動揺したりすることがあるだろう。そうしたときほど，支援者も一息ついて，行動の背後にある対象者の気持ちや考えに積極的な関心を向け，対象者について新たな理解を深めていくような関わりができると，支援の場が安心基地になっていくだろう。

　本章では，子どもが安定したアタッチメントを育む先行要因となる養育者の関わりについて述べた。敏感性といった行動レベルに加えて，洞察力などの「子どものこころに思いを馳せる」態度が着目されるようになったことで，支援者が支援対象者に安心感を与えるために必要な関わりにもあてはめやすくなった。大切に考えている相手は自分とは別のこころをもった存在なので，相手が求めている

ことに適切に応えるためには，相手の視点に立とうと思いを馳せることが不可欠である。相手の思いがけない行動に冷静さを失いそうなときは一息ついて，また，多少のミスマッチがあったときは相手からのシグナルに気づいて軌道修正を行うことでほどほどの応答性を発揮するというところが，目指すべき道しるべになりそうである。

第4章

乳幼児期のアタッチメント

アタッチメントの個人差の測定方法

　ここまで述べてきたように，ボウルビィが提唱したアタッチメント理論は，エインズワースの観察研究によって裏づけられ精緻化されてきた。実証的な研究を行うには，心理学的な概念を具体的に測定する方法が必要である。エインズワースがストレンジ・シチュエーション法（SSP）（Ainsworth et al., 1978）という測定方法を開発したことによって研究が進展し，乳幼児が養育者とのあいだに形成するアタッチメントの重要性についての知見が蓄積されてきた。SSPは，アタッチメント研究における世界標準の測定方法として今も多くの研究で用いられている。アタッチメント研究者以外では，アタッチメントのことをくわしくは知らなくても，SSPで分類されるアタッチメントのタイプ（第2章で述べたように，安定型，回避型，アンビバレント型，のちに無秩序・無方向型が加わった）だけは知っているという人も多いかもしれない。

　SSPを研究のために用いるには，海外で行われる英語での2週間にわたる研修を受け，信頼性テストに合格して評価者の資格を得る必要がある。さらに研究で用いるデータについては，複数名の有資

格者で評価を行い，信頼性を確認することも求められる。そのため，日本では研究者にとっても習得や実施が容易でないが，欧米では有資格者を含むチームで多くの研究が展開されている。

　筆者はアタッチメント理論についてさまざまな方法で学んできたが，測定法に関する研修を受けることで，多様な現象のどこにどのように注目するのかといった観点についての理解が深まり，その視点は臨床実践を行ううえでも役立つと感じてきた。実際に海外では，信頼性テストは受けずに，測定法についての研修だけを受ける臨床実践者もいる。筆者はアタッチメント研究で用いられている主な測定方法を臨床実践の現場における関係性理解に活かせるようにと『アタッチメントに基づく評価と支援』（北川・工藤，2017）を編集した。本書でも各年代の代表的なアタッチメント測定法を紹介しており，その一覧は巻末の付録を参照してほしい。本章では，乳幼児期のアタッチメントを測定する方法の概要を紹介し，それらの視点を日常場面での関係性理解にどう応用できそうか述べたい。

分離再会場面におけるアタッチメントのパターン

　子どもは不安や恐れを感じるとアタッチメント欲求が高まり，養育者にくっついて安全と安心を得ようとする。エインズワースは，マイルドなストレス場面を設定することで子どものアタッチメント行動が観察可能になると考えた。そこで考案したのが，見知らぬ場所で子どもが養育者との分離と再会を経験するSSPである。見知らぬ人の登場を含む具体的な8場面の構成，実施や評価の詳細については，評価の有資格者で実施経験も豊富な梅村（2017）の解説を参照してほしい。本章では，臨床実践や日常生活にアタッチメントの

視点を取り入れやすいよう，各タイプの特徴をやや単純化して述べる。その後，応用の際の留意点についてもふれる。

　通常，子どもは安全で安心だと感じると，好奇心を発揮して玩具で遊ぶなどの探索行動を示す。恐れや不安が高まると，養育者の後を追ったり，泣いたり，抱き上げてもらおうとするアタッチメント行動を示す。そして養育者の保護や慰めを得て落ち着くと探索行動に戻っていく。SSPでは，このようなアタッチメント行動と探索行動とのバランスに注目する。

　分離によってストレスが高まった子どもが，再会した養育者にアタッチメント行動を向け，落ち着いて探索に戻る場合は「安定型」アタッチメントと評価される。そうではなく，アタッチメント行動がほとんど認められない場合は「回避型」，母親との身体接触に抵抗したり，探索行動が消極的だったりする場合は「アンビバレント型」と評価される。子どもたちはまずこれら3タイプのいずれかに分類される。その後，養育者との再会場面で行動の意図を理解することが難しいような混乱した状態に陥った場合，その程度によって，「無秩序・無方向型」に該当するかどうかを判断する。

　いずれのタイプも，子どもがその養育者と繰り返してきたアタッチメントに関わる経験が影響していると考えられている。子どもの信号に養育者が敏感に応答していると安定型アタッチメントを形成しやすいこと，また，養育者による虐待や養育者自身のトラウマ体験などによって養育者が子どもの恐怖の源になっている場合に無秩序・無方向型に陥りやすいことが報告されている（くわしくは梅村，2017，また表2-1も参照してほしい）。

　以上が各タイプの概要である。実際には，再会場面でアタッチメント行動がわずかに表出された場合に安定型なのか回避型なのか，

第4章　乳幼児期のアタッチメント　53

どの程度の抵抗があればアンビバレント型なのかなど，分類を行うにあたっては線引きが難しい。だからこそ研究に用いるには信頼性のある判断ができるようになるための訓練が必要となる。また，研究においては，乳児版の実施・分類基準は12〜15ヵ月児という限定的な年齢幅を対象に標準化されている。その後に開発された幼児対象のプレスクール版では，実施や分類において発達に応じた特徴を考慮しており，乳児より長い分離時間を設定して実施し，再会時の行動も乳児のような身体接触よりも，養育者との再会をリラックスして喜ぶ様子などに着目する（Cassidy et al., 1992）。さらに，研究目的でSSPを行う場合には，標準化された状態で実施するために，体調が悪いときなどは実施日時を設定しなおすこともある。実施においても，子どもが受けているストレスの程度を注意深くモニターして進行することが必要であり，子どもが激しく泣いているのに分離を長く続けるとストレスが大きくなりすぎて，本来は安定型や回避型の子どもであってもアンビバレント型のようにいつまでも落ち着かず探索に戻れなくなることもある。研究で用いるSSPには，標準化された方法で実施し，訓練を受けた評定者が分類を行うといった厳密さが求められるのだ。

　そのため，臨床実践者などが臨床現場や日常生活場面での様子から子どものアタッチメントを分類することはできないことに留意が必要である。分類そのものよりも，気づきを関わりに活かすことのほうが大切である。回避的な特徴やアンビバレント的な特徴が認められたら（研究者が分類すると安定型の範疇であっても），子どもがより率直にアタッチメント行動を表出したり，安心して探索に戻れたりするように，養育者が敏感に関わることが必要になる。無秩序・無方向型アタッチメントについてはとくに，その特徴を臨床場面で

安易にあてはめることに警鐘が鳴らされている（Granqvist et al., 2017）。たとえば，無秩序・無方向型は被虐待児に多いという研究知見は統計的に有意な関連にすぎず，目の前にいる特定の子どもにあてはまるとは限らない（虐待のスクリーニングではない）ことが指摘されている※。

アタッチメント理論に基づく支援によって関係性や子どものアタッチメントが改善することからも，理解を支援に活かすことが重要だ。日常場面での観察の際には，子どもの年齢と状況を考慮しながら，自然に想定されるようなアタッチメント行動や探索行動がみられるかに着目し，そうでない場合は行動の背景に思いを馳せて，子どもへの理解と関わりに活かしてほしい。

安心基地行動についての自然観察

エインズワースは複数文化圏で精力的な観察研究を行い，子どもが探索を行うための「安心の基地」として養育者を利用する安心基地行動にこそアタッチメントが表れていると考えた。ウォーターズとディーン（Waters & Deane, 1985）は，日常場面での子どものアタッチメントを評価でき，かつ乳児期以降も使用可能な測定方法が必要と考えて，Qソートの手法を用いて安心基地行動を評価するアタッチメントQソート法（Attachment Q sct：AQS）を開発した。彼らは安心基地行動，探索行動，感情状態，社会的相互作用などについての具体的な行動を記述的な言葉で表した100項目を作成した。その後に90項目へと改訂されたAQSの全項目は英語で公開されており（Waters, 1987），AQS全項目の日本語版および実施方法は数井（2017）が詳述している。

子どもが養育者といつも通り過ごしている様子を十分な時間をかけて観察した後に，観察者は，AQSの90項目（90枚のカード）それぞれがどの程度子どもの行動にあてはまっていたかについて，9点（最もあてはまる）から1点（まったくあてはまらない）のいずれかに配置する。この際，各得点にカードが10枚ずつになるように分類する。なおAQSの開発段階では，専門家が，安定したアタッチメントの子どもを想定してQソートを行っており，その結果（複数の専門家による平均値）が各項目の基準値となっている。各項目について，観察対象となった子どもにあてはまった得点と，その項目の基準値との相関係数が「安定性得点」となる。相関係数なので，得点可能範囲は－1.0から1.0のあいだの数値となる。SSPのようなタイプへの分類ではなく，「安定性」という一次元について，連続量で得点化できることが特徴である。AQSの安定性得点は，SSPで安定型に分類された子どもにおいて高かったこと（Vaughn & Waters, 1990）や，その後のメタ分析によっても妥当性・信頼性が確認されている（van IJzendoorn et al., 2004）。

　臨床場面や日常生活において，数井（2017）を参考にしてAQSを実施することも可能であるが，90項目のうち基準値が高い項目を参照すると，日常生活で見受けられるどのような行動に安定したアタッチメントの特徴が表れるのかを理解する助けになるだろう。たとえば，「家の周りで遊んでいるとき，子どもは親のいるところを常に見失わないようにしている。ときどき，親を呼んだり，親が部屋から部屋へ移動するのに気づく」「親を行動範囲を広げる基点としているパターンが明確にわかる。遊ぶために離れ，また親のところに戻ったり，親の近くで遊ぶ。そしてまた，遊びにいくというようなことを繰り返す」などは基準値が8.8であり，安心基地行動の

具体例である。

日常や実践への応用

それでは，二つの仮想エピソードをあげながら，乳幼児期のアタッチメントや測定法についての視点を日常場面で子どもの理解にどう活かせそうか，考えてみたい。

エピソード 4-1

新年度の保育園で，子どもたちは新たな環境に不慣れなため，保護者と別れてから日中も泣きやまないことが多い。新人の保育士は，慰めたり，子どもが楽しめそうな活動を用意したりして関わるが，泣き続ける子どもたちに，自分がうまく関われていないからではないかと自信をなくしていた。

あるとき，普段はお迎えにこない保護者が保育室に入ってきた。見慣れぬ大人の姿を見た子どもたちは保育士のところにやってきて，保育士の背後に隠れた。保育士には，これは子どもたちのアタッチメント行動だと理解できた。さらに注意して子どもたちの日ごろの様子を見てみると，保育室の端にある玩具箱から玩具を取り出して，わざわざ自分の近くに持ってきて遊んでいる子どもたちがいることにも気づき，子どもたちは自分を「安心の基地」にしているのだということも理解できた。4月からずっと子どもたちのことを考えながら関わってきたことで，自分が子どもたちのアタッチメント対象になっているのだと自信を感じ，これからも子どもたちに寄り添っていこうと思った。

保育園で子どもたちが泣いたり，遊んだりといった様子は，当たり前のように見受けられるものである。そうした日常のなかで子どもが保育士にアタッチメントを形成し，保育士を「安心の基地」として行動していることは，注目しなければ見過ごされるかもしれない。不安なとき，誰にどのように保護や慰めを求めるのか，また，日常的に誰をどのように基点としながら探索をしているのか，といった視点で子どもの行動を観察すると，アタッチメントが見えてくるだろう。さらに，アタッチメントと探索という視点をあてはめてみると，泣いているときはアタッチメント欲求に保護や慰めで応え，遊んでいるときは探索欲求を見守って支えるなど，子どもの欲求に寄り添った関わりをしやすくなる。

エピソード 4-2 ─────────────

　母親は1歳の子どもを連れて久しぶりに帰省し，実家でリラックスして過ごしていた。滞在期間中，母親は外出する必要があり，子どもは祖父母と過ごした。あまり一緒に過ごしたことがない祖父母との留守番だったが，子どもは少し不安そうにしていたものの泣かずにいつも通り遊んで母親を待っていた。母親が戻った後，子どもは母親の近くにいたがりながら，機嫌よく遊んで過ごしていた。

　帰省から自宅に戻ってしばらくした後，母親は体調を崩し，通院するために実家の祖父母に来てもらい，子どもを見てもらった。しかし今回は，子どもは祖父母と留守番をしているあいだ，泣き続けていた。母親が戻ってきても子どもの不機嫌はおさまらず，夜になると熱を出した。母親は，子どもにストレスをかけすぎたのかと申し訳なく感じると同時に，前回と何が違うのかわからずに戸惑いも

感じた。

　こうした日常場面を切り取って，帰省中の子どもは安定型アタッチメントで，自宅での子どもはアンビバレント型アタッチメントのようだと判断することは適切ではない。日常場面はさまざまな背景要因が子どもの行動に影響を与えている。どういう事情で子どもの不機嫌がおさまらなかったのか，子どもは何に不安を感じていたのかに思いを馳せることが，分類しようとすることより大切である。母親の「前回と何が違うのか」を考えようとしている姿勢がまさにそれである。ここでのエピソードは限られた情報であるが，自由に推測してみたい。

　まず，帰省中は泣かずに過ごせた子どもが，自宅では泣いて不機嫌がおさまらなかったことについてだが，1回目の分離によって2回目は警戒心が高まった可能性が考えられる。SSPでは2回の分離・再会場面が設けられており，1回目の分離を経験することで子どもの警戒心が高まり，養育者が2回目の分離のためにドアに向かおうとすると，泣いて抵抗したり，後を追ったりといった行動が表れることが多い。エピソード4-1で保育園の例を述べたが，保育を始めたばかりの子どもは，保育園に向かうとわかるだけで泣き出すこともよくある。しだいに保育士や保育環境に慣れ，養育者が必ず迎えにくるという見通しが立ってくると落ち着く。エピソード4-2の子どもの場合も，2回目の分離ということがストレスを高めた可能性が考えられる。

　さらに推測を広げるとしたら，帰省中の母親はリラックスしていたが，自宅では母親自身が体調を崩していたために，緊迫した雰囲

気を子どもが察知していたり，子どもの状態を気にかける余裕が母親になかったりして，子どもの不安が高まった可能性も考えられる。あるいは，子どもが夜に発熱したことについて，母親は子どもにストレスをかけすぎたせいだと受けとめたが，そもそも日中から子ども自身の体調が悪かったのかもしれない。体調が悪いときは，養育者も子どもも余裕が少なくなるだろう。

　もちろん他の可能性もあるかもしれない。子どもの行動には意味があり，不安がおさまりにくい状態にも事情がある。さまざまに推測して関わり，子どもの様子を手がかりに理解を深めるとよいだろう。「子どもに留守番させて自分が通院したことで，子どもに熱を出すほどのストレスを与えた。申し訳ない」という捉え方もあり得るが，そうすると「これからは祖父母に子どもを見てほしいと頼めない」といった考えにつながり，母親の負担が大きくなるかもしれない。「帰省時に続けての留守番で子どもはびっくりしたかな。私も体調が悪くて余裕がなく，夜に熱を出す子どもの昼間の様子に気づき損ねたかもしれない。まずはしっかり休んで元気になって，余裕をもって子どもと関われるようにしよう」という捉え方も可能である。必要なときには祖父母の助けを借りながら，子どもの様子をいっそう注意深く見ていく姿勢につながりそうである。

　本章では，乳幼児期のアタッチメントについて，代表的な測定法を紹介しながら述べた。アタッチメントの安定・不安定に関わる特徴を測定法から学ぶことは有益な視点となる。一方，アタッチメント研究で用いる測定法は標準化された手続きで厳密に行う必要があり，日常場面ではむしろ年齢や状況という具体的な要因を十分考慮に入れながら，アタッチメントと探索のバランスが自然に表れてい

るかに注目したい。そうでない場合には，その背景に思いを馳せながら，子どもを理解し，安心を与えるための関わりに活かしていくことが望まれる。

※　さらに留意すべきこととして，特定の養育者へのアタッチメント行動であるSSPにおける不安定型と，特定の養育者との間にアタッチメントを形成できていないアタッチメント障害との区別も大切である。アタッチメント障害については，第9章を参照してほしい。

第5章

児童期のアタッチメント

児童期の発達とアタッチメント

　アタッチメントは生涯にわたる基本的欲求であり，一人では手に負えない危機や不安に際して，頼れる他者との関係を通して安全と安心を得ようとするものである。自分で対処する力が限られている乳幼児期は，養育者へのアタッチメント欲求が頻繁に高まり，泣いたり抱っこを求めたりするようなアタッチメント行動がよく観察される。

　児童期になると，アタッチメントはどのような様相を示すだろうか？　学校教育が始まり，教師や仲間と過ごす時間が増える。身体・知的能力が高まり，生活面や勉強・運動などでさまざまな力やスキルを習得する一方，発達には個人差も大きく，自信を深めることもあれば，劣等感などの複雑な感情を味わうことも増えるだろう。

　そのような発達上の特徴をもつ児童期のアタッチメントには，次の四つの特徴があるといわれている（Kerns & Brumariu, 2016）。第一に，児童期のアタッチメントは養育者の利用可能性が重要になる。乳幼児期のアタッチメントは養育者への近接を求めることが中心であったが，児童期になると，必要なときに養育者と接触できると思

えることで安心して離れていられるようになる。第二に，児童期においても主要なアタッチメント対象は養育者である。親しく過ごす相手としては仲間を選ぶことが増えても，病気のときや恐怖を覚えたときなどに児童が最も頼りにするのは養育者である。第三に，児童期には「安心の基地」である養育者と共同しての調整が増える。スーパーバイザーのようなパートナーシップとも呼ばれており，子ども側も養育者に自分の居場所や予定を伝えるなど，コミュニケーションをとるうえでの責任を担い，問題解決にも協力して取り組むことが増える。第四に，養育者は，アタッチメント欲求を満たす「安全な避難所」に加えて，探索を支える「安心の基地」として重要な役割を果たす。とくに子どもの世界が広がる児童期においては，アタッチメントと探索のバランスが適切であることが安定したアタッチメントの重要な指標となる。

　アタッチメント理論については，アタッチメントの質の持続性や適応との関連などを裏づける研究が蓄積されているが，児童期を対象とした研究は他の年代ほど多くはない。アタッチメントの生涯発達や年代に応じた特徴を明らかにするために児童期の研究は重要であり，また，その知見はこの年代の子どもに関わる養育者にとっても有益と考えられる。本章では，児童期における代表的なアタッチメントの測定方法と研究知見を紹介し，これを日常や臨床場面で子どもと関わる際にどのように活かすことができそうか述べたい。

児童期のアタッチメントの測定方法

　乳幼児期のアタッチメントは行動に着目して測定することが中心である。広く使用されている標準的な測定法であるストレンジ・シ

チュエーション法においては，見知らぬ部屋での養育者との分離というマイルドなストレス場面を設定し，再会した養育者に子どもがどのようなアタッチメント行動を向けるかを観察することでアタッチメントのパターンを分類する。また，日常場面で養育者を「安心の基地」としてどのように利用しているかを観察するアタッチメントQソート法もよく用いられている。

　成長に伴って，見通しをもち自分で対処できる力が高まると，アタッチメント行動は観察しにくくなる。そこで，こころのなかにもつアタッチメントについてのイメージ・表象に注目する測定法が開発されてきた。ブレザートンら（Bretherton et al., 1990）は3歳児にアタッチメントに関わる物語作成を求め，物語のなかに表れたアタッチメントについての特徴を評価する手法を考案した。人形を使って，アタッチメントに関する物語の冒頭（膝をケガする，夜の寝室でモンスターに怯える，旅行に出る両親とのお別れなど）を演じ，その続きがどうなるかを子どもに自由に示してもらう。子どもが演じる物語に，アタッチメント対象との関係を通して解決できる見通しがどの程度あるかによってアタッチメントの個人差を評価する。たとえば，膝をケガした子どもの物語では，養育者が子どもの痛みをハグなどで慰め，手当てをしてくれるかなどが注目される。

　児童期においても，物語作成法が用いられている。また，自分や養育者の行動パターンを自覚的に認識することができるようになるため，質問紙法も使用可能になる。さらに，アタッチメント表象に着目する手法として，単語リストからの物語作成を求めるアタッチメント・スクリプト法（「安心の基地スクリプト」の評価）や，成人で用いられているような自伝的記憶の語り方に着目する手法もあるが，これらについては英語での詳述（Gastelle & Kerns, 2022）や，日本語

での概説（中尾, 2021）を参照してほしい。本章では，質問紙法と物語作成法を紹介する。

（1）質問紙法：セキュリティ・スケール

セキュリティ・スケールは，子どもがアタッチメント対象を応答的で利用可能だと認識している程度を評価するためにカーンズが作成した質問紙法であり，メタ分析によって妥当性が認められている（Brumariu et al., 2018）。日本語版は中尾・村上（2016）が作成しており，小学4～6年生を対象に，信頼性と妥当性が検証されている。質問紙法は社会的望ましさの影響を受けた回答がなされやすく，セキュリティ・スケールではそれを低減するために，「ある子どもたちは……，でも他の子どもたちは……」という二つの記述を呈示することで，どちらもあり得る選択肢だと示す工夫をしている。どちらが自分に似ているかをまず選択させてから，選択した記述が「とてもあてはまる」か「ややあてはまる」かを選ばせることで，各項目の回答を1～4点に得点化できる。中尾・村上（2016）には全15項目が提示されており，それらの項目から，児童が養育者に抱く応答性や利用可能性が具体的にどのような言葉で記述されているのかを参照できる。ストレスを感じたときに養育者を頼ることができると思っているか，養育者とのコミュニケーションを前向きで肯定的に捉えているかといった内容からなっている。たとえば「ある子どもたちは，お母さんが自分のことを，本当にわかってくれていると感じています」，でも「他の子どもたちは，お母さんが自分のことを，あまりわかってくれていないと感じています」といった項目が含まれている。

（2）表象に着目した手法：物語作成法

　物語作成法を児童に適用するにあたり，児童のアタッチメントが活性化される場面設定を工夫する必要がある。カーンズらは，アメリカの児童（10～12歳）に適した場面として，①明日が提出期限の宿題に苦戦している場面，②友だちとケンカして帰宅し，玄関扉を乱暴に閉めて家のなかに入ったときに，室内から母親が声をかけた場面，を考案した。また，人形を架空の人物に見立てるのではなく，対象児とその両親という設定にした。評定は，主に場面②に着目して，子どもが物語で表現する感情や行動，物語の首尾一貫性，問題の建設的な解決の程度に応じて，アタッチメントのパターンを分類した。安定型の特徴は，子どもと養育者が共同して問題解決ができること，子どもは養育者に肯定的な気持ちも否定的な気持ちも率直に表現できること，物語に筋が通っていて真実味があること，導入時に場面設定された問題が適切に扱われることである。アンビバレント型は子どもの否定的な気持ちが整わないこと，回避型は表面的な物語になること，無秩序・無方向型は物語に筋が通っておらず，最終的に解決もしないことなどが主な特徴である（Brumariu & Kerns, 2010）。

　アメリカとイスラエルで9～12歳を対象に物語作成法を行った五つの研究を分析した結果では，十分な信頼性と妥当性が報告されている一方，物語作成法については参加の動機づけが課題となるだろうことが言及されている（Gastelle & Kerns, 2022）。

　カーンズ氏は，日本発達心理学会2018年度国際ワークショップの講師として来日したことがある。筆者もそこに参加し，カーンズ氏がアメリカの児童に「どういうときに親のところに行く？」と予備調査を行ったうえで，物語作成法の場面を選んだ話を聞いた（北

川, 2018)。筆者は, 児童が養育者を「安全な避難所」や「安心の基地」として利用する日常的な場面について, 日本ではどうだろうかと考えた。小学校時代に親を頼ったり助けられたりした思い出を大学生に尋ねると,「逆上がりができなかったとき, 親に特訓してもらった」ことや「仲間外れになったとき, 味方になってもらった」ことなどがあげられた。これはアメリカで選ばれた場面と類似しており, この年代の子どもたちにとって, 学校で達成すべきことに苦戦しているときのサポートや, 仲間関係での情緒的傷つきをサポートしてもらうことが重要なのだと考えられる。

児童期のアタッチメントについての研究知見

児童期におけるアタッチメントの研究知見は, カーンズら (Kerns & Brumariu, 2016 ; Brumariu & Kerns, 2022) や中尾 (2021) が概観している。これらを要約すると次の通りである。

児童期に測定したアタッチメントの質は時間的連続性があり, 養育の質 (敏感性や, 子どもの自律性をサポートする関わり) と関連している。アタッチメントが安定している児童は, 自己評価や感情を調整する力が高く, 仲間関係も良好で, 外向性次元や内向性次元の問題行動を示すことが少ない。今後は, こうした関連のメカニズムを明らかにすることが課題である。たとえば, アタッチメントと仲間関係が関連するのは, 安定型の子どもは気持ちを整える力やバランスのとれた自己概念をもつ傾向があるために, 良好な仲間関係を育みやすいのかもしれない。

また, アタッチメントそのものの発達プロセスについても検証が必要である。乳幼児期には関係特異的にアタッチメントを形成し

(乳児はたとえば，応答的な母親には安定型アタッチメント，拒絶的な父親には回避型アタッチメントと，異なるタイプのアタッチメントを形成し得る），認知発達に伴って抽象一般化されたアタッチメント表象を育んでいくと仮定されているが，児童期にそうした移行プロセスがどのように進むのかを明らかにする必要がある。教師や仲間と関わる経験が及ぼす影響についても関心が向けられている。

日常や実践への応用

それでは，児童期に必要となる敏感でありながら自律性をサポートする養育者の関わりについて，また，行動上の問題を示す児童に対して安全と安心を与える関わりについて，架空のエピソードを提示しながら考えてみたい。

エピソード 5-1

母親は，小学生の娘がいつもより元気のない様子で帰宅したことに気づいた。「どうかした？」と声をかけても，「別に」と短い返事をするだけだった。しばらくすると母親が用意したおやつを食べ，テレビを見て笑い始めた。母親はその様子に少しホッとしながらも，いつものように友だちの話をしないことを気にかけていた。それから数日，娘は友だちの話をしないし，友だちと出かけることもせずにいた。母親は「最近，○○ちゃんと遊ばないの？」と聞いてみたが，娘は「うん」と短く答えるだけであった。母親はそれ以上尋ねることは控えたものの心配なため，学校の担任に相談することにした。

担任もまた，女児が友だちと離れて過ごしていることに気づいて

いた。それでも授業には積極的に参加しているし，一緒に過ごすクラスメイトがいる様子も見ており，それを母親に伝えると，母親は少し安心できた。担任が，女児と友だちに最近の様子について声をかけたところ，些細な誤解をきっかけに気まずくなり，どちらも気にしていたことがわかった。担任が少し背中を押すことで，二人は仲直りができた。

　乳児の世話は昼夜を問わずに対応を迫られ続ける苦労があるが，抱いて慰めることで乳児が泣きやむと，養育者は手応えを得ることができる。子どもの成長に応じて，養育者が直接的に問題解決の手助けをしにくい場面が増え，心配しながら見守るという新たなチャレンジが養育者に求められる。上記のエピソードはフィクションの一例であるし，養育者の個性や子どもの状態に応じてさまざまな対応が考えられるが，重要なことは，無関心になってしまうのではなく，子どもの自律性を損なうこともなく，そのバランスを見出すことである。エピソードの母親は，事態の緊急性について，娘の食欲や笑顔を踏まえてモニターしていた。担任もまた，授業での様子や他児との関わりも含めて女児の様子を見ていた。母親は担任に支えてもらいながら見守り，担任は少し積極的に子どもたちの問題解決をサポートした。子どもが問題解決に挑戦できたのは子ども自身の力でもあるが，母親や担任が自分に関心を向けて必要な手助けを懸命に考えてくれるような関係性が，子どもが挑戦するための「安心の基地」になったと考えられる。

エピソード 5-2

　虐待を受けていたことがわかり施設で暮らすようになった小学生男児。施設の担当職員は，高い警戒心を示していた男児がしだいに職員に甘えるようになってきた変化を嬉しく思っていた。できるだけ男児が求めていることに応えようとしていたが，最近になって膝に乗ったりからだをくっつけたりしたがるようになり，思春期が近づく男児との身体接触に戸惑いを覚え始めた。あるとき，膝に乗った男児をすぐに降ろして立ち上がると，男児は「大きらいだ！」と怒り，物を投げつけた。職員は投げつけた物が危険でないことを見届けながら，投げないように冷静に伝えた。同時に，男児が大人から拒絶されてきた経験やその傷つきに思いを馳せて，「膝の上でなくても，（男児の名前）の隣にいて，どんな話も聞くよ。今日の気持ちも受けとめたいと思っているよ」と伝えた。男児は静かに聞いていた。

　アタッチメント欲求に応えるということは，子どもに安全と安心を与えることである。アタッチメントはスキンシップと同様だと誤解されることがあるが，乳幼児においては，安全と安心を与える手段として抱っこなどのスキンシップが有効であるものの，機械的に抱っこをするのではなく，「怖かった？　もう大丈夫だよ」などの声かけもしていることがほとんどだろう。どの年代の子どもに対しても，安心を与えるためには，行動の背後にある気持ちに関心を向け，気持ちに寄り添う関わりをすることが重要である。

　一方で安全を確保するためには，毅然とした態度をとることが必

要な場合もある。上記のエピソードは限られた情報なので多くを推測に頼ることになるが，男児が本当に求めていることは身体接触よりも，安全と安心を与えてくれる他者との関係性であろう。行動の背後にどのような気持ちを抱えていそうかに思いを巡らせて，その気持ちに応えていくことが求められる。たとえば担当職員がいなくならないか心配なのかもしれない。そうであれば担当職員が施設にいる時間の見通しを子どもにわかりやすく伝えて，その時間には必ずその職員がいると子どもが実感できるような関わりが必要かもしれない。

　子どもが大きくなるほど，暴言や暴力などの行動上の問題をどう止めるかに目が向きやすいが，そうした行動をしたくてしている子どもはいない。どうしようもなく混乱した気持ちの表れである。危険な行動には毅然と対応しながらも，行動の背後にある気持ちを推測して寄り添うといった，安全と安心を与える関わりを根気よく続ける必要があるだろう。子どもはそうした関わりを本質的に求めている。それによってアタッチメントの質が修正的に変化し，他者を信じて頼り，みずからの気持ちを落ち着かせる力も高まっていくだろう。

　児童期の適応には，子どもや家族，学校や地域社会などの要因が複雑に関わり合っている。アタッチメントはこれらの要因と相互に関係しながら，子どもの適応に影響する重要な要因の一つである。児童に関わる大人たちは，子どもの自律性を促す「安心の基地」でありかつ必要なときに利用可能な「安全な避難所」となり，広がりつつある世界のなかで子どもがさまざまな挑戦や経験をすることを応援したい。

コラム ①

"困った"行動とアタッチメント

　子どもはアタッチメント欲求に適切・確実に応答してもらえる経験を通して，自他への信頼感といった人格発達の中核的な部分を形成していく。感情を知り整える力も，アタッチメント経験を通して育まれる。子どもは，養育者に恐れや不安を調整してもらう経験を繰り返しながら，しだいに自分でも感情を調整する力を獲得する。たとえば，予想もしない出来事に心臓がキュッとなり，泣き声をあげたとき，養育者が子どもの感情体験を縁どるように「びっくりしたね」と声をかける。さらに，高ぶった子どもの気持ちを，「大丈夫だよ」と慰めて落ち着かせる。こうした関わりを通して，子どもはみずからの感情を知り，感情を自分でも落ち着かせていけるようになっていく。

　最終的な目標は，どんな感情も自分で落ち着かせることができる能力ではなく，自分で対処ができる力を高めながら，同時に，困ったときには頼れる誰かの手助けを求めることができる力を育むことである。養育者にしっかりと応答してもらえた子どもは，自他への信頼感が高く，感情を自覚し言語化する力もあるため，適度に他者の力を借りながらストレス状況を乗り越えていきやすい。

■行動はメッセージ

　赤ちゃんの泣きは，赤ちゃんにとって切羽詰まったアタッチメント欲求の表現であるため，養育者を強く引きつける。養育者がそれに応えて関わることで，赤ちゃんが泣きやんだり心地よさそうな様子を見せたりすると，養育者にとっても手応えとなる。大人の側にも，子どものアタッチメント欲求に応えたい，みずからの関わりで子どもに安心感を与えたいと望む気持ちがある。しかしながら，大人に余裕がないと応えることが難しくなる。たとえば，養育者の寝不足や疲労が大きくなると，赤ちゃんの泣きを"困った"行動と思うかもしれない。もう少し大きな子どもが"困った"行動をしているときも，子ども自身が不安や恐れを抱え，それを自分ではどうしようもないからこそ，"困った"行動で表していることが多い。行動をやめさせようとする

よりも、行動の背後にあるアタッチメント欲求に気づき、応えることができると、子どもの状態は落ち着いていく。

赤ちゃんは、具体的な欲求を言葉で伝えるのではなく、「泣く」という行動で訴えるため、養育者は赤ちゃんが何を求めているのかを推測することが必要になる。人の気持ちや欲求は最初から完全にわかるものではない。試行錯誤しながらたどり着くようなプロセスが自然であろう。「泣いている。どうしたのかな、ミルクかな、オムツかな。あら、眠かったのね」といったように、子どもの欲求や気持ちに思いを馳せることが大切である。「ミルクかな」と推測してミルクを与えてみると、子どもは飲まない。そこで、「ミルクではなかったのね、オムツかな」と、子どもからのフィードバックを受けとめながら試行錯誤を続けることで、子どもは養育者に寄り添われ、自分の訴えをしっかりと受けとめてもらえていると体験できる。

子どもが成長するにつれ、子どもの"困った"行動の背後にあるアタッチメント欲求に気づくことがさらに難しくなるかもしれない。たとえば幼児のかんしゃくである。朝の忙しい時間に、親が急いで靴を履かせたことをきっかけに、「いやだ」と大泣きして靴を脱ぎ捨ててしまい、家を出ることができずに親を手こずらせるような場面を想像してほしい。こうした子どもの行動はイヤイヤ期特有の"困った"行動にみえるかもしれないが、「気持ちを落ち着かせてほしい」というアタッチメント欲求を、かんしゃくという行動で表していると考えることができる。気持ちが崩れた原因は、もしかしたら、靴を自分で履きたかったのにできなかったことかもしれないが、それにしては気持ちの崩れ方が大きいとしたら、それ以前のやりとりのなかで少しずつ受けとめてもらえない体験が積み重なっていて、靴は最後のきっかけだったのかもしれない。

養育者が叱ると子どものかんしゃくはますますひどくなり、激しくぶつかって後悔した経験のある人は多いだろう。「安心感の輪」子育てプログラム（第10章参照）では、「行動はメッセージ」という考え方を養育者と共有する。プログラムに参加した養育者たちは、叱って行動をやめさせようとするよりも、「どうしたのかな？　何にそんなに腹を立てているのかな？　わかってもらえなくて悲しいのかな？　何かを不安に思っているのかな？」と思

いを馳せ、子どもの気持ちに寄り添う関わりをすることで、子どもが落ち着いたという経験を多く報告してくれた。

■ **アタッチメント欲求をまっすぐに表しにくいとき**

　子どもが特定の養育者とのあいだに形成するアタッチメントの質には個人差があり、それがその後の別の養育者とのアタッチメント関係にも影響することはよく知られている。実際にアタッチメントのタイプを特定するには、訓練を受けた研究者が標準化されたアセスメントを行う必要があるのだが、アタッチメント欲求にしっかりと応答されてきた子どもたちは率直にアタッチメント欲求を表すということ、そして、あまり応答してもらえなかった子どもたちほどアタッチメント欲求の表し方がまっすぐではないことを知っておくと、日常場面での理解に役立つだろう。

　たとえば、「この年齢で、この状況なら、養育者を頼ってアタッチメント行動をとることが自然なのに、それをしない」という子どもがいたら、その子どもを強くてたくましいと捉えるより、本当はアタッチメント欲求があるのに平気な素振りをしていると理解するほうが適当だろう。おそらく、そうした子どもは、これまで不安で泣くと養育者から怒られたり拒絶されたりする経験を繰り返してきたため、不安なときに人を頼らずに自分で対処したほうが、少なくとも怒られずに養育者のそばにいることができると無自覚的に学習してきたと考えられる。自分で対処できる限界を超えたときには、乱暴などの"困った"行動としてストレスが表れるかもしれない。

　また、「この年齢で、この状況なら、養育者から離れて探索に出ることが自然なのに、いつまでも養育者から離れられない」という子どもに対しても、分離不安という"困った"行動を子どもの問題と捉えるのではなく、養育者の関わりによって十分に安心を得られなかったり、養育者の応答を信頼しきれなかったりするために、自律的な探索に向かえない状態と理解できる。さらに、養育者が未解決のトラウマ体験を有する場合や、子どもが虐待を受けている場合においては、子どもは安全と安心の源であるはずの養育者との関係で恐怖を体験することになるため、安心を得るための方略を見つけ出すことができない。"困った"行動の背後に、子ども自身が慢性的な恐怖を抱え

て混乱していること，誰かを適切に頼るのが難しい経験をしてきたことがあると思いを馳せることが大切だろう。

　思春期には，子どもたちが現実的に体験するストレスも大きくなるため，これまでの方略では立ち行かず，ますます不安や恐れを"困った"行動で表すようになる。反社会的行動，ひきこもり，依存などの行動上の問題を示す子どもたちに，いかにしてその行動をやめさせるかというだけではなく，子どものアタッチメント欲求に気づいて応えようとする視点が大人には求められる。

　"困った"行動を，子どもたちはとりたくてとっているのではない。どうしようもない不安を抱えていて，手助けを必要としながら，アタッチメント欲求をまっすぐ表すことができずにいる子どもたちと理解できる。両親，祖父母，学校の先生など，子どもに関わる大人たちがみなアタッチメントの視点をもちながら，力を合わせて子どもの不安に寄り添う関わりができると，子どもの不安が調整されることだろう。さらに，不安に応えてもらえる経験を重ねることで，子どもはより率直にアタッチメント欲求を表すことができるようになるだろう。人生のどこかで誰かが真剣に自分と関わってくれた，という経験によって，アタッチメントの質は改善する。

■養育者の応答と感情①：毅然とした態度と寄り添う態度

　アタッチメント欲求に応えるということは，子どもが求めることをすべて受け入れることではない。目的は，子どもに安全と安心を与えることである。子どもの気持ちに寄り添う関わりは子どもに安心を与える。一方，子どもの安全を守るために，必要なときには大人として毅然とした態度で対応することも必要である。たとえば，病気に必要な治療を子どもが怖がっていやがるからといって，必要な治療をしないとしたら，子どもの安全は守られない。子どもの恐れを受けとめながら，治療の必要性を子どもに伝えることが必要だろう。子どもが何かいやなことがあって誰かを叩いたら，叩くという行動はいけないと毅然と伝えながら，叩きたいほどのいやな気持ちに耳を傾けて寄り添うことが大切になる。

　毅然とした態度は，強制的な態度ではないし，子どもを怖がらせる態度で

もない。穏やかなトーンで，それが必要であることを子どもに伝える態度である。子どもの気持ちに寄り添って，子どもの気持ちが落ち着いた状態で伝えることができると，より子どもに届きやすい。毅然とした態度と寄り添う態度を両立させるためには，養育者に気持ちの余裕が必要である。しかしながら，子どもが"困った"行動をしているとき，養育者は必ずしも冷静でいられないことがある。感情的になって頭ごなしに子どもを叱りつける（寄り添うことができない）こともあるだろうし，子どもの行動に動揺して自分の手に負えないと思ってしまう（毅然とした対応ができない）こともあるだろう。こういうとき，自分が冷静でないことに養育者が気づくことができると新たな関わりへの一歩となる。自分の感情の高まりに気づいたら，まずは自分の感情を落ち着かせることを優先させてほしい。気持ちの余裕を回復したら，子どもの視点に立った関わりをすることができるだろう。

■養育者の応答と感情②：養育者の感情を整えるために

　私たちはみな，アタッチメントに関する経験を通して，不安に自分で対処できる力と，必要なときに他者を頼る力の両方を育んできている。子どもの"困った"行動を前に，養育者が冷静でいられないときに，自分でできることもあれば，他者の助けが役立つこともあるだろう。養育者が自分の感情の高まりに気づいて一息つくことができると，子どもに感情的に振る舞うことを避けることができる。思わず子どもを叩いてしまいそうなとき，トイレに行くなどして少し離れる，その場で少し目を閉じてみるなどの工夫ができるかもしれない。「安心感の輪」子育てプログラムに参加した養育者たちは，支援者との関係を利用しながら自分の感情を振り返ることで，みずからの感情体験への理解を深め，気持ちを整えていた。それによって，子どもと向き合っている最中の感情の高まりを，自分で調整する力を高めていた。人は支えられることによって，能動的な力も高まる。

　支援者には，養育者が子どもにしてほしいような関わりを，養育者に対して行うことが求められる。子どものアタッチメント欲求を拒絶する養育者の態度は"困った"行動である。しかしながら，支援者はそれを責めるのではなく，思わず拒絶したくなるときの養育者の感情体験に関心を向けて，話題

にし，寄り添うことで，養育者の気持ちが支えられる。すると養育者は，子どもとの関係に自分が及ぼしている影響やみずからのアタッチメント経験について，さらに目を向けていくことが可能になる。

　子どもの"困った"行動を前に，養育者の感情が高まるとき，多くの場合，養育者自身の過去のアタッチメントに関する不安が活性化されている。たとえば，子どもが乱暴に振る舞うとイライラして怒ってしまうとする。その怒りにさらに目を向けていくと，ある養育者は「そんなことをしていたら友だちに嫌われてしまう」という恐れが高まっているのかもしれない（その養育者は，嫌われることへの不安から必死に自分を守ってきたのだろう）。別の養育者は「親の言うことを聞かないなんて許せない」という困惑が高まっているのかもしれない（その養育者は，親の言うことを聞かないととんでもないことになるという不安を抱えてきたのだろう）。これらはほんの一例であるが，子どもとの関係に目を向けるということは，それぞれの養育者自身のアタッチメントに目を向けることにつながる。養育者が自分の不安や恐れを安心して話すことができ，受けとめられた，寄り添ってもらえたと感じることができるとき，養育者の感情が調整される。すると，子どもに対して，これまでとは違った関わり方をしてみることができるだろう。子どもが落ち着くなど手応えを返してくれると，養育者の励みになる。

　本コラムでは，子どもの"困った"行動の背後にあるアタッチメント欲求に気づいて応えることについて，主に親子関係支援の実践例をあげながら述べてきたため，「幼い子どもと親」についてのイメージが中心になったかもしれない。しかしながら，アタッチメントは生涯にわたる欲求であるし，子どもにとってのアタッチメント対象は子どもに関わるすべての養育者である。子どもの人生のどこかの時点で子どもに関わる大人が，それぞれの立場で子どものアタッチメント欲求に向き合うことが望まれる。"困った"行動が深刻化している場合ほど，簡単に子どもからの手応えが得られないかもしれない。そうすると，誰かを責めたくなったり，自分に無力感を抱えたりといったように，負の感情が高まりやすい。だからこそ，大人たちも互いに支え合いながら，子どもの安心感を高めるつながりを育むことが望まれる。

第6章

青年期・成人期初期のアタッチメント

青年期・成人期初期におけるアタッチメントの発達

　よちよち歩きの子どもを思い浮かべれば，不安になると養育者にくっつき，やがて落ち着きを取り戻すと，興味のあることに向かう様子が目に浮かぶだろう。養育者に安全と安心を求める「アタッチメント」行動と，自律的に外界に関わる「探索」行動が，年齢や文脈に応じて自然に表れる状態が，安定したアタッチメントの特徴である。

　子どもが10代になると，探索世界が広がり，自分で対処できる力もある程度高まり，養育者へのアタッチメント行動はあまりみられなくなる。しかし，こころもからだも成長に伴う変化に直面し，学校生活や友だち関係などでさまざまな経験をするなかで，不安，挫折，傷つき，困難などに陥ることは不可避であり，信頼できる他者に「助けてほしい」というアタッチメント欲求が高まることがあるだろう。

　青年期のアタッチメントは次のような発達をとげると，アレンらは述べている（Allen & Tan, 2016）。まず，養育者との関係性において，自分の行動を自分でコントロールしたい思いと，養育者を頼り

たい気持ちとのあいだで、アタッチメントと探索の新たなバランスを見つける必要がある。また青年期の認知的・情緒的発達に伴って、複数の養育者とのアタッチメント経験に基づいた一般化されたアタッチメント表象を形成するようになる。さらには仲間や恋人と支え合える関係性を育みながら、養育者以外の親密な他者がアタッチメント対象になってくる。

　本章では、青年期・成人期初期のアタッチメントの特徴と測定法を紹介するにあたり、まず、養育者とのあいだで形成されるアタッチメント表象の発達と、表象に着目する測定方法として成人アタッチメント面接について述べる。次に、親密な他者とのアタッチメントの発達と、代表的な質問紙を紹介する。最後に、これらの視点を臨床実践や日常場面にどのように活かすことができそうかについて述べてみたい。

養育者とのアタッチメント

（1）関係特異的なアタッチメントから一般化された表象へ

　不安や恐れへの対処能力が低い乳幼児は、養育者へのアタッチメント欲求が頻繁かつ切実に高まり、養育者との相互作用経験を繰り返しながら、その養育者とのあいだで安全・安心を得るための行動パターンを形成する。

　必要なときには養育者から敏感に応答してもらえるという見通しをもてる場合は、率直にアタッチメント行動を向け、応答されるとすぐに落ち着きを取り戻す安定したアタッチメント・パターンを形成する。しかしながら、不安で泣くと叱られるといったような拒絶的経験を繰り返すと、アタッチメント行動をあまり示さずに（最小

化方略)，不安には自分で対処して，養育者との関わりを保とうとする回避型アタッチメント・パターンになる。あるいは，養育者の応答に一貫性がない場合には，アタッチメント行動を強く表出しながらも（最大化方略)，落ち着きを取り戻しにくいアンビバレント型アタッチメント・パターンになる。虐待や養育者の著しい混乱（未解決のトラウマや重篤な精神病理など）により，安全・安心の源であるはずの養育者が恐怖の源にもなる場合，乳児はストレス時に養育者を前にして大きな混乱に陥る無秩序・無方向型アタッチメントを示す（表2-1も参照してほしい)。

　このような行動パターンが持続するのは，アタッチメント経験が表象として内在化され，アタッチメント場面で起こることを予測する心的モデル（内的ワーキングモデル）が構築されるためと考えられている（Bowlby, 1973)。一方で，アタッチメントの個人差は実際の経験に基づくため，たとえば，応答的な母親とは安定型アタッチメント，拒絶的な父親とは回避型アタッチメントといったように，関係特異的にアタッチメントの質が育まれる。

　幼いころは，養育者の応答性が低い場合，その養育者との近接を少しでも得るために，次善の策としての方略を身につける必要があった。青年期になって，自分で対処できる力が高まると，アタッチメント対象としての養育者を客観的に評価することが可能になる。また，認知能力の高まりによって，複数の養育者との経験を統合し一般化したアタッチメント表象を形成するようになる。さらに，アタッチメント経験の肯定的・否定的側面について一貫性をもって再評価することも可能になると考えられる（Allen & Tan, 2016)。このような自律的なアタッチメント経験の捉えなおしがどの程度できているかが，青年期以降のアタッチメントの安定性に関わってくる。

（2）成人アタッチメント面接

　青年・成人のアタッチメントの個人差を測定する方法として，世界標準とされているのが成人アタッチメント面接（Adult Attachment Interview：AAI）である。実施手順や分類マニュアルは非公開（評価の訓練受講者のみに公開）なので，英語での詳細はヘッセ（Hesse, 1999），日本語での概説は上野・北川（2017）を参照してほしい。

　AAIは所要時間が1～1.5時間程度の半構造化面接であり，子どものころの主要な養育者それぞれとの関係，アタッチメントに関わる記憶，それらの経験が自身に与えた影響などについて尋ねる。訓練を受けて資格を得た評価者が，面接内容の逐語記録のみに基づいて評価を行う。

　まず，語られた内容から，「推定される養育者の行動」を，愛情，拒絶，役割逆転，ネグレクト，達成へのプレッシャーという5尺度それぞれについて得点化する。被面接者の子ども時代の経験を推測するにあたり，たとえば「母親は優しかった」というような一般化された報告だけでは判断しない。面接者は具体例を必ず質問することになっていて，自発的に，あるいは面接者からの質問に答えて，たとえば「怖い夢を見たとき，夜中でも泣いたら起きてくれて，落ち着くまでずっと抱きしめてくれた」などといったエピソードが語られると，高い愛情得点をつける。

　次に，語り方の特徴から「現在のこころの状態」を評価する。これは先ほど述べた，自律的なアタッチメント経験の捉えなおしがどれほどできているかに関わる特徴である。乳幼児が養育者に向けるアタッチメント行動を導いていた内的ワーキングモデルは，成長に伴ってアタッチメントに関する記憶や感情にどのようにアクセスするかに関わると考えられる（Main et al., 1985）。そのため，AAIによ

るアタッチメントの分類は,「語られる内容」よりも「語り方」(こころの状態)に着目して行う。

　AAIにおける「安定自律型」は,アタッチメントに関する記憶や感情を,肯定的な内容も否定的な内容も率直に想起し,みずからに与えた影響も正当に評価して語ることができる「談話の一貫性」の高さが特徴である。「アタッチメント軽視型」は,(最小化方略をとる乳幼児のように)アタッチメントに関する記憶,とくに否定的な記憶や感情へのアクセスを回避する方略により,養育者との関係を肯定的に総括するものの,具体的な思い出を語らない「理想化」や「思い出せないという主張」といったこころの状態が特徴である。「とらわれ型」は,アタッチメントについての否定的な経験に過度に注意を向けて,怒りを伴って延々と語る「とらわれた怒り」や,過去の経験を客観的に捉えなおしていない「語りの消極性」が特徴である。これら3分類に加えて,喪失や被虐待などのトラウマ経験についての質問に答える際に,ひどく混乱した語り方に陥る「モニタリングの欠如」が高い場合には,「未解決型」という分類が加わる(表6-1)。

　AAIを用いた研究が進展したことで,乳児期から成人期にかけてのアタッチメントの質が比較的安定した環境で育った場合は連続性が認められる一方,貧困・シングル親など養育環境が変化しやすい場合には必ずしも連続していないことがわかり,発達早期の経験に基づく内的ワーキングモデルと,その後の養育環境の両方が連続性に影響していると考えられている(2000年の *Child Development* 誌にアタッチメントの縦断研究についての論文が複数報告されており,安藤・遠藤,2005が概観している)。さらに,AAIによって幼いころには否定的な養育を経験していたことが推測されるものの,それらの経験を

表6-1 成人アタッチメント面接（AAI）の分類カテゴリーと語り方の特徴 (Hesse, 1999；上野・北川，2017を参考に筆者作成)

カテゴリー	AAIでの語り方の特徴	面接での語りの具体例（架空事例）※
安定自律型	協力的で**一貫性の高い語り方**をする。アタッチメントは価値あるものと捉えながら，個々の出来事や関係性について客観的に語る。アタッチメントに関する肯定的な経験も否定的な内容も，率直に想起し，正当に評価して語る	「母は優しかったです。たとえば……（読み手に，語り手が母を優しいと感じたことが理解できるエピソード記憶）」「母は厳しくもありました。たとえば……（具体的エピソードを，当時の母の立場にも思いを馳せながらバランスのとれた状態で語る）」
アタッチメント軽視型	**アタッチメントに関する経験や関係性を軽視する**。養育者との関係を肯定的に総括しながら，具体的な経験を思い出せなかったり，肯定的総括と矛盾する否定的経験が語られることもある（理想化）。思い出せないという主張など，短い回答が多いことも特徴である	「母は優しかったです。具体的な思い出は忘れました。いつも優しかったです」「（優しさと矛盾するエピソードが短く語られた後）それも母の優しさですし，今の自分にはあまり関係ないことです」
とらわれ型	**過去のアタッチメントに関する経験や関係性にとらわれている**。否定的な経験について怒りを伴って延々と語ったり，経験を客観的に捉えなおしておらずにあいまいな表現で受動的・消極的に語る。長い語りになることが多い	「母は厳しかったです。本当に最低でした！　いつも怒ってばかりで，（質問は，子ども時代の経験なのだが）昨日もこんなひどいことがあったんです！……（怒りの感情から，もつれ絡まったような語りが長々と続く）」「母とはいつも，あんなこんなやりとりばかりで……」
未解決型	**喪失や虐待経験についての質問に答える際に，談話や推論をモニタリングできない状態に陥る**。死んだ人物が物理的に生きていると信じているような語りをしたり，子ども時代によくないことを考えたから大切な人が死んだと答える。細部に過度に注目した語り方をしたり，長い沈黙に陥ったりする	「母は私が10歳の時に亡くなりました。（……）昨日も母と話をしたんです」「酒に酔った父が階段を上がってくると，大きな足が私の目の前に近づいて……（詳細な視覚的記憶に圧倒された語り）」

※カテゴリーへの分類は面接全体にわたる特徴から行うので，ここにあげた例だけでは判断できない

防衛的にならずに一貫性高く語ることができる「獲得安定型」と呼ばれる人たちが存在することや，このような成人はみずからの子どもに対して望ましい養育行動をとれていることなども報告されている (Pearson et al., 1994)。

親密な他者とのアタッチメント

(1) アタッチメント対象の広がり

　成長に伴い，アタッチメント行動を向ける相手が，それまでの養育者から友人や恋人などのピア（同輩）へと移行する。乳児が養育者に対してアタッチメントを育む際，「身体的な親密性」から始まって，慰めを求める「安全な避難所」となり，8ヵ月ごろに「分離への抵抗」を明確に示すようになると同時に，養育者を「安心の基地」として探索をするようになる。他者が明確なアタッチメント対象になるには，これらの4機能が揃うことが要件であると考えたジーフマンらは，6～17歳の100人を対象として，各機能を誰に最も求めるかを尋ねた。その結果，この年代の対象者のほとんどすべてが「近接希求（一緒に時間を過ごしたい相手）」としてピアをあげた。「安全な避難所（慰めや情緒的サポートを求める相手）」としては，8～14歳ごろに，親よりピアを選ぶことが増えた。「安心の基地」や「分離苦悩」を示す相手としては，対象者の多くが親をあげていたが，15～17歳の青年においてのみ，こうした相手にもピアを選ぶ者がいた。その場合のピアは恋人であった（表6-2）。ジーフマンらは成人を対象に行った別の研究から，恋人は2年以上のつきあいを通して，明確なアタッチメント対象になることを報告している（Ziefman & Hazan, 2016）。

(2) 質問紙による測定

　ヘイザンらは，青年・成人の恋愛関係においても，乳児が養育者に示すのと同様の類型がみられると仮定し，アタッチメント・スタイルを3分類（安定型，アンビバレント型，回避型）で捉えようとした

表6-2 アタッチメント対象がもつ機能とアタッチメント対象の広がり（Ziefman & Hazen, 2016；中尾，2017bを参考に筆者作成）

アタッチメント対象がもつ四つの機能		アタッチメント対象の広がり
近接希求	一緒に時間を過ごしたい相手	6-17歳のほとんどすべてがピアをあげた
安全な避難所	落ち込んだとき，頼りにする相手	8-14歳ごろに，親よりピアを選ぶ人が増えた
分離苦悩	離ればなれになったときにいないことが最も悲しい相手	15-17歳には，ピア（恋人）を選ぶ人がいた
安心の基地	いつもあてにしている相手	

(Hazen & Shaver, 1987)。

　その後，3分類ではなく，恐れ型を加えた4分類にするアプローチや，タイプではなく次元として捉えるべきという主張がなされた。現在のところ，「不安」と「回避」の二次元から「親密な対人関係の経験」を評価するECR (Experiences in Close Relationships inventory) や，その改訂版（ECR-R）が，青年・成人のアタッチメントを捉える標準的な質問紙とされている。さらに，短縮版（ECR-S），複数の対象に適用可能なECR-RSも開発されている。「不安」はアタッチメント対象に見捨てられるかもしれない不安であり，「回避」は頼ったり頼られたりする親しい関係を回避することである（日本語での概説は中尾，2017b）。

　青年・成人はみずからの親密な関係性のパターンをある程度自覚的に振り返ることができるため，質問紙でこれを評定することができる。AAIのような面接法に比べて，実施が容易で，「不安」と「回避」の二次元それぞれの程度を数量的に捉えることもできるため，質問紙を用いた研究は多く実施されており，とくに日本においてはアタッチメント研究のほとんどが質問紙を用いて行われている。

AAIと質問紙では，評価しているアタッチメント対象（養育者，現在の親密な関係）も，測定している側面（無自覚的，自覚的）も異なっていることに留意しながら，結果を受けとめることが必要である。

日常や実践への応用

青年・成人のアタッチメント研究において用いられる代表的な測定方法として，養育者との関係における無自覚的なアタッチメント方略に注目するAAIと，現在の親密な他者とのアタッチメント関係について自覚し得る特徴を尋ねる質問紙法を紹介した。ここからは，こうした視点を臨床実践や日常場面でどのようにあてはめることができそうかについて考えてみたい。

エピソード 6-1

臨床場面で，ある若い来談者は「母親は昔から優しくて大好きな存在だった」と語った。カウンセラーが具体的な思い出やエピソードを尋ねると，「いつでも家のなかで母が一番優しかった」と一般的な描写を繰り返した。小学校時代からずっと頭痛やめまいを抱えていたとのことだったので，そういうときに母親はどのように対応してくれたのかと尋ねると，「小さいときのことはあまり覚えていない」「普通に優しくしてくれたと思う」と話を切り上げた。

AAIが開発・実証されてきたことにより，養育者との来歴についての「語り方」に，アタッチメントに関する情報へのアクセスの仕方（こころの状態）が表れることがわかった。この視点をもってい

ると，上記のような来談者の語りを聞いて，仮説的な理解をすることができる。

　母親を優しいと言いながら，具体的な思い出で裏づけられないことは，AAIで示される心的状態の一つ「理想化」の可能性が考えられる。頭痛やめまいがあった際，子どもは養育者を頼りたい状況だろうが，そういうときの具体的な母親の対応が語られないことはとくに注目される。おそらくアタッチメント欲求を受けとめてもらいにくく，子ども時代は苦痛を訴えない最小化方略を身につけながら母親と関わり，成長後は苦痛な記憶や感情へのアクセスを避けるこころの状態（母親をよい存在と一般化し，具体的な思い出を想起しない）が優勢と推測できる。このような方略をもつ場合，つらい気持ちを自覚しにくく，からだにしんどさが表れることがある（本エピソードの場合は頭痛やめまい）。

　カウンセラーが母親の具体的な対応を尋ねた際，落ち着かない気持ちの高まりを避ける無自覚的なこころの状態により，話を切り上げたのかもしれない。このような場合，カウンセラーが執拗に問いかけを続けると，こころを閉ざす可能性も高い。他者を頼らずに自分で対処してきたであろう人が相談に訪れたことに着目し，防衛を必要とする背景にも思いを馳せながら，現在の困りごとに丁寧に寄り添うことが大切である。

　AAIを用いた獲得安定型についての研究では，幼少期にどの養育者からも応答的な関わりを受けていなかったと推測される場合でも，養育者以外の人物からの情緒的なサポートや継続的な臨床心理学的支援を受けることがアタッチメントの安定化につながると示されている（Saunders et al., 2011）。

　なお，ここでは理想化の特徴を紹介したが，語り方に着目する

AAIでは,「親は厳しかった」といった否定的な描写についても,その経験をどう語るかに着目する。今もなおその経験にとらわれた語り方をする（大げさな表現,聴き手を味方につけるかのような語り口,面接の文脈から逸れるほど延々と否定的経験を語るなど）場合もあれば,否定的な体験やその影響を認めながらも客観的に一貫性高く語る（「親が厳しかったため,弱音を吐くことができず,それが当時はつらかった。ただ,親も当時は余裕がなかったのだと今なら理解できる」など）場合もある。現在の関係性が良好で,自身のつらさを受けとめられたときに,過去の経験へのとらわれから自由になっていくと考えられる。

エピソード 6-2

　心理学を専攻するある男子大学生は,授業でアタッチメント理論について学んだ。自分は,あまり人に頼ったりするよりも,自分自身で頑張ったほうがいいと考えがちなので,回避的なのかとも思ったが,これまでずっと問題を感じることなくやってきたので,とくに気にする必要はないと思った。しかし,就職活動がうまくいかず,卒業研究も行き詰まり,絶望的な気持ちになって体調を崩してしまった。クラスメイトが心配してメッセージを送ってくれたことは嬉しかったが,早くしっかりしなければとも感じていた。悪い評価を下されると恐れていたゼミの先生からは,「もっと頼ってくれくていいんだよ」という声がかけられ,基本的なところから卒業研究の助言をしてもらえたおかげで,行き詰まりを解消できた。気持ちも体調も回復してきた彼は,ふとアタッチメント理論を思い出し,「そうか,こういうときにこそ,もしかしたらもっと人を頼っていいの

かもしれない」と気づき，就職活動の困難についても信頼できる人に相談してみようと考えた。

　アタッチメントの個人差はあくまで親密な他者との関わり方の個人差であり，不安定なアタッチメントであっても適応的に生活している人もたくさんいる。ストレスが重なったとき，アタッチメント（他者に頼ること）と探索（自分で頑張ること）のバランスがほどよく安定した人たちに比べて，他者から見捨てられる不安が強いアンビバレント傾向や，自分で抱えやすい回避傾向の人はストレスを乗り越えにくいかもしれない。しかし，ストレス時には誰でもアタッチメント欲求が高まるので，そこで困難を他者に支えられる経験をすることにより，アタッチメントの修正体験をもてるチャンスにもなる。

　一人では対処できない不安や恐れに際して，頼れる他者との関係を通して安全や安心を得ようとするアタッチメント欲求は，人の生涯にわたる基本的欲求である。養育者を選べない乳幼児が，その養育者にくっつくために形成したアタッチメント方略は，のちの対人関係に影響する一方，その後の経験によって変わり得ることもアタッチメント研究は明らかにしてきた。

　アタッチメントの視点をもつことで，アタッチメントに課題を抱えていそうな人に対して，その背景への仮説的理解をしながら，今の困りごとに寄り添うことができるだろう。乳幼児が何度もアタッチメント経験を養育者と繰り返しながら特定のアタッチメントの質を育んできたように，その後の人生で出会う他者から支えられる経験を一つひとつ繰り返しながら，時間をかけて信頼関係が育まれる

と考えられる。とくに，不安定なアタッチメントは必要あって形成されてきた方略なので，修正的な変容のためには時間が必要であろう。世界の広がりのなかでさまざまな挑戦をし，友だちや恋人と新たな関係性を育む青年・成人期は，不安定なアタッチメント・パターンを繰り返すリスクもあるが，修正的変容のチャンスでもある。

第 7 章

人生後半のアタッチメント

　アタッチメントは生涯にわたる基本的欲求であり，一人では手に負えない恐れを，信頼できる他者との関係で調整しようとするものである。危機への対処能力が低い乳幼児期においては，アタッチメント欲求が頻繁かつ切実に高まり，強くて大きな養育者に保護や慰めを与えてもらうことの重要性が示されてきた。その後の発達に応じたアタッチメントの特徴やアタッチメントの質の時間的連続性などについての研究も成人期ごろまでは蓄積しているが，人生後半のアタッチメントについてはあまり多くの研究がなされていない。

　わが国の令和4（2022）年の平均寿命は男性81.05歳，女性87.09歳であり，健康寿命の平均は男性72.57歳，女性75.45歳である（厚生労働省，2024）。人生は長くなり，何らかのサポートを受ける時期を多くの人が経験する。中年期に仕事上の責任などを担いながら，高齢の親の介護をすることも多いだろう。高齢になるにしたがって，身体機能や社会的立場の喪失，親しい人との別離なども多く経験するだろう。中年期・高齢期のアタッチメントはどのような特徴を示し，この年代の課題や適応とどのように関わるのかについての知見が必要である。本章では，いくつかの研究知見を紹介しながら，人生後半の課題をアタッチメントの視点から考えてみたい。

人生後半におけるアタッチメント対象

　成長に伴うアタッチメント対象の推移を検討するため，8歳から93歳のアメリカ人（1703人）と日本人（1842人）を対象に，とても親密な人は誰かを尋ねた調査がある（Antonucci et al., 2004）。これによれば，アメリカでも日本でも，30代までは最も親密な対象として母親をあげることが典型的であった。40代になると配偶者や子どもが母親より先にあげられた。60代になると母親はあげられなくなり（おそらく死別），80代になると日本ではとても親密な人として孫をあげる人が出てきた（表7-1）。

　乳児期から青年期にかけてのアタッチメント対象の広がりについては，四つのアタッチメントの機能（近接希求，安全な避難所，「安心の基地」，分離苦悩）を順次，養育者からピア（同年代の友人・親友・恋人・パートナー）に向けるようになりながら，最終的にピアが四つの機能すべてを満たす「完熟したアタッチメント（full-blown attachment）」対象になるとされている（中尾，2017a）（アタッチメント対象がもつ四つの機能については表6-2を参照）。

　60歳から99歳の80人を対象に，この年代には馴染まない分離苦悩以外の三つの機能それぞれを誰に求めるかを尋ねたアメリカでの研究がある（Cicirelli, 2010）。この年代では，一人の対象にすべての機能を向ける「完熟したアタッチメント」対象は少ないものの，多様な対象にアタッチメントを求めていることが示された。対象として，配偶者や友人に加えて，成長した子ども，死別した家族や神様などもあげられることがこの年代の特徴であった（表7-2）。高齢になると，多様な対象に少しずつ支えられるのだろうと考察されている。

表7-1 最も親しい人※としてあげられた対象　年代・日米ごとの結果
（Antonucci et al., 2004に基づいて筆者作成）

	日本	アメリカ
8-12歳	母親，父親，兄弟，姉妹	母親，父親，姉妹，兄弟
13-19歳	母親，父親，姉妹，兄弟，男性の友人	母親，父親，兄弟，姉妹
20-39歳	母親，配偶者，父親，息子，娘	母親，配偶者，娘，息子
40-59歳	配偶者，娘，母親，息子	配偶者，娘，母親，息子
60-69歳	配偶者，息子，娘	配偶者，娘，姉妹，息子
70-79歳	息子，配偶者，娘	娘，息子，姉妹，配偶者
80-93歳	娘，息子，孫，配偶者	娘，息子，配偶者

※「今のあなたにとって大切な人」を親しさの順に3段階で，「あなた」を中心とする三重の同心円に位置づけた（コンボイモデル）。そのなかで「その人がいない人生は考えられないほど身近な人」として，「あなた」に最も近い円に位置づけられたのが「最も親しい人」。

表7-2 アメリカの60-99歳（N=80）がアタッチメント機能※を求める相手として各対象者をあげた割合（%）（Cicirelli, 2010のTable 2から主な対象者を抜粋して筆者作成）

対象	近接希求	安全な避難所	安心の基地
【生きている家族】			
配偶者	28	26	30
娘	30	44	34
息子	58	41	34
【亡くなった家族】			
配偶者	13	10	10
親	1	3	2
【友人】			
女性の友人	12	20	25
男性の友人	18	11	12
神様	20	25	19
犬	4	0	0

※Cicirelliは，アタッチメントの各機能を次のように説明し，該当する対象者を複数あげさせた
　近接希求：危険な場面で守ってもらうために一緒にいたい人
　安全な避難所：強いストレスを受けているとき，大丈夫だと思えるように助けを求めたい人
　安心の基地：強い恐れや不安を経験しているとき，情緒的安心を得るために助けを求めたい人

人生後半におけるアタッチメントの個人差

　アタッチメントの実証研究は測定方法の開発に伴って進展してきた。とくに乳児期においてはストレンジ・シチュエーション法（SSP），成人期においては成人アタッチメント面接（AAI）が開発されたことで，多くの実証研究がなされ，これらの年代のアタッチメントについての理解も深まった。成人のアタッチメントについては，恋人などの親密な他者とのアタッチメント・スタイルを質問紙で測定する研究の流れもある。

　人生後半のアタッチメントについては質問紙を用いた研究が多く，若い世代と比べて「不安」が減少するという報告があるが（Cicirelli, 2010），若者が恋人などとの関係で感じやすい不安が高齢者では低いためとも考えられる。この年代のアタッチメントの質を信頼性・妥当性高く評価できる測定法が十分に確立されていないことから，結果を一般化することには注意が必要である（van Assche et al., 2013；Magai et al., 2016）。

　AAIを平均年齢63.4歳（標準偏差19.6）の参加者に行った研究（Magai et al., 2000）からは，各カテゴリーの特徴を9段階で得点化したところ，年齢の上昇に伴って安定性得点が低下し回避得点が高くなることが報告されている。この結果についても，年齢というよりコホートの要因（当時のアメリカで広まっていた行動主義に基づく養育方法により，親が子どもに感情をオープンに示さなかった影響を高齢者ほど受けていること）を考慮する必要があると言及されている。

　人生後半のアタッチメントについては，信頼性の高い測定方法を用いた縦断研究がさらに求められる。

中年期の子どもと高齢になった親との関係性

　人生後半における親子関係の大きな転換は，子どもが親に世話を求め，親が子どもに世話を提供していたそれまでの役割が変わることである。これは親子双方にとって簡単な移行ではない。親は自律的な力が減っていくことに直面する必要があるし，子どもにとっても親がかつてのように頼ることができる存在ではなくなったことを受け入れる必要がある。加えて親を介護することが子どもにとっての現実的な負担になることもある。一方，そうした時期だからこそ，困ったときにしっかりと頼ることができる安定したアタッチメントが助けになると考えられる。

　こうした問題意識に立って，オランダで1456組の親子を対象に行われた研究（Merz et al., 2009）を紹介する。研究に参加した子どもの平均年齢は37.1歳（標準偏差9.0），親の平均年齢は66.1歳（標準偏差10.4）であった。まず，子どもにとって，親に情緒的なサポートを与えること（アドバイスをするなど）は幸福感の高さと関連していたが，道具的サポート（家事をするなど）を与えることは幸福感の低さと関連していた。ただし道具的サポートが軽微なレベルの場合は，親との関係が良好であると幸福感は低くならなかった。親にとっては，子どもに情緒的なサポートを与えることは幸福感を高め，道具的なサポートを子どもから受けることは幸福感を低めていた。子どもから情緒的なサポートを受ける状態であっても，良好な関係性がある場合には幸福感は低くならなかった。これらの結果から，親が子どもから世話を受けるという新たな役割は否定的感情を高めることになるが，親子に良好な関係性があると緩衝され得ること，ただし道具的な介護役割が重度になると関係性がよくても子どもに

負担となることが示されたといえる。

認知症の親や義親の主たる介護者である子ども（成人）を対象に，苦痛な感情経験とアタッチメントとの関連を検討した研究（Chen et al., 2013）もある。この研究ではアタッチメントの質を「安心の基地スクリプト」で評価している。アタッチメントを喚起する刺激語リストを使っての自由な物語作成を求め，物語に「安心の基地」についての知識が表れている程度を評価する手法である。不安なときに養育者に保護と慰め（「安心の基地」）を与えられてきた個人は，「安心の基地」についての時系列に沿った記憶をこころのなかにもっているため，刺激語をもとに自由に作成する物語にもそれが反映されると仮定している。この研究では，高齢の親を世話する成人にとっての「安心の基地」についての知識を引き出し得るような刺激語リストを新規に作成して評価を行った。その結果，「安心の基地スクリプト」得点が高い人は，年老いた親への批判や敵意などが低いことが示された。とくに，介護のストレスが高い場合には，「安心の基地スクリプト」得点が低いと親への否定的感情が高くなるのだが，「安心の基地スクリプト」得点が高いとそうはならなかった。

これらの知見から，親が自律性を失うときに安定したアタッチメントが保護要因になり得ること，また介護ストレスが大きくアタッチメントも安定していない場合のリスクが高いことが示されたといえる。

日常や実践への応用

ここまで述べてきたような視点を，日常場面での架空のエピソードにあてはめてみたい。困難な場面で，誰からどのように支えられ

るかについては多様なかたちがあるため，ここであげるエピソードが最善というわけではないが，この年代で遭遇しやすい課題をアタッチメントの視点で理解するための素材として提示したい。

エピソード 7-1

　女性は，近くで一人暮らしをしている高齢の母親が最近になって，同じ話を繰り返したり，探し物をしたりすることが増えたと感じていた。ある日母親を訪ねると，母親は足を引きずって痛そうに歩いていた。娘である女性を見て，足が痛いとつらそうに訴えるので，女性は驚いて，どうしたのか，いつ何があったのかを矢継ぎ早に尋ねた。すると母親は硬い表情になり，痛くない，何ともないと答えた。女性は戸惑ったが，明らかに腫れているので，言い合いになりながらも手当てをし，無事を見届けて帰宅した。

　帰宅後も女性の動揺は続いており，配偶者にその日の出来事を伝えた。話しながら女性は，もしかしたら母親は，いつの間にケガをしたのかがわからないことが不安だったのかもしれないと思えた。翌日も母親の様子を見に行こう，その際には問いただしたりせず，今の具合だけを確かめようと考えた。

　翌日訪れると，母親はもう足を引きずっておらず具合はよさそうであった。ところが母親は足をケガしたことも，女性が昨日来たことも覚えていない様子だった。女性は母親の記憶力への心配が一気に高まった。行政の相談窓口に連絡をし，具体的な情報や支援を得た。また，地域に住む母親の友人たちは，これからみなで一層しっかりと母親を見守ることを女性に伝えてくれた。女性が友人に打ち明けると介護の経験者が多いこともわかり，それぞれの経験やさまざまな気持ちを分かち合えた。女性はこうした関係に支えられ，そ

の後も母親の状態の変化に伴って経験する新たな困難を乗り越えていった。

　母親はケガの痛みを娘である女性に訴えて頼りながらも，原因を尋ねられると苦痛を否定した。このような混乱した態度は，女性が推測するとおり，できないことやわからないことが増えてきたことへの母親自身の不安の表れなのかもしれない。認知症の周辺症状とされている抑うつや不安などは，認知力低下に伴う不安によってアタッチメントが活性化されている状態の表れと解釈できるかもしれない（van Assche et al., 2013）。
　一方，このようなかたちで母親から向けられる不安を落ち着いて受けとめ，安心感を与える対応をするためには，女性自身の不安も支えられる必要がある。女性にとっても母親の変化はショックであり，具体的に対応すべきこともわからず，圧倒されそうな思いになるかもしれない。支援のネットワークによって物理的・心理的に支えられる必要がある。
　この女性が困ったときすぐに周囲に助けを求めることができたのは，安定したアタッチメント経験に基づく期待（困ったとき，人はきっと助けてくれる，自分は助けてもらえるという見通し）をもっていたからと考えられる。アタッチメント欲求に応えてもらえない経験を重ねてきたことで，こうした期待をもてずにいる人は，困難を自分で抱え込んだり，不安に圧倒されたりするかもしれない。しかし，困ったときは必ずアタッチメント欲求が高まっている。危機的状況だからこそ必要に迫られて誰かを頼ることは，そこで支えられるという経験をするチャンスにもなり得る。

エピソード 7-2

　職場を定年退職した男性は，責任からの解放感を味わいながらも，こころに穴が開いたような喪失感にさいなまれていた。すでに他界した父親は仕事熱心で趣味もなく，家事や育児は母親任せだったため，定年後は抑うつ的になっていたことを思い出した。父親は母親に促されながら，しだいに趣味を見つけ，地域での交流を増やして笑顔が増えていった。自分はそういう父親の様子を見ていたのに，仕事ばかりしてきて，今，同じような状態にあるのかもしれないと思った。

　結婚して離れて暮らす息子は自分と違い，家事も育児も主体的に担っている。あるとき息子家族が遊びにきた。幼い孫のオムツ替えなどを手際よくする息子に，「本当によくやっているなぁ。お父さんは君たちの世話をほとんどしてこなかったのにな」と伝えると，息子は「お父さんのときと時代がずいぶん違うよ。会社も男性の育児休業を促進しているしね」と答えた。さらに「お父さんは仕事の帰りがいつも遅かったけど，僕たちが病気のときは必ず早く帰ってきてくれたよね」と息子が言った。そんなことを覚えているのかと驚きつつ，思いめぐらせてみると仕事人間だった父親も，幼かった男性が高熱で苦しんでいたとき，夜中に抱えて病院に連れていってくれたことを思い出した。いざというときは頼りになる，と思える父親だった。

　その後，息子は仕事の悩みなどを男性に話し，男性が苦労をねぎらってアドバイスをすると息子は安心した表情を見せた。男性もまた，退職後の新たな生き方を探していく勇気が湧いてきた。

子どもが巣立って親役割が変わることや，定年退職によって仕事上の役割を終えることは人生後半に遭遇しやすい変化であり，危機にもなり得る。危機的場面ではアタッチメント欲求が高まり，他者に支えられることで乗り越えるための力が高まる。この場面で男性は，否定的な気持ちが高まり，前を向きにくくなっていたが，息子との絆をしっかりと感じることで支えられた。他界した父親についても，仕事ばかりして退職後に抑うつ的になったという側面だけではなく，その後みずから状況を前向きに変えたことや，在職中もいざというときは家族にとって頼りになる存在だったことを思い出した。そうした父親のありようを思うことも，男性にとってこれからの生き方を前向きに探す力になるだろう。

　中高年期の親子関係についての研究は母親と成人した子どもを対象としたものが中心であるが，数井（2021）は父親（50代から70代）と幼児をもつ息子（20代後半から40代）のアタッチメントについて検討した。父子間のアタッチメントの質は関連していなかったものの，父親がどのように自分に関わっていたのかという認識が，現在の心理的健康や家族関係と関連していたと報告している。これからの時代，父親がより中心的に子どもと関わるようになると，アタッチメント対象としての父親の重要性はさらに高まるかもしれない。

　ある時代を生きた世代，という観点に立つと，今の日本の高齢者は戦争をさまざまなかたちで体験したり，その影響を強く受けたりしている。たとえば，戦時を生き抜いた祖父母世代の張りつめた雰囲気により，親世代は弱音や泣き言を家では言えずに育ち，子どものアタッチメント欲求を受けとめにくいといった世代を超えた影響が生じるかもしれない。そうした悪影響を受けなかった場合は何が支えになったのかについても関心がもたれるところである。

人生後半のアタッチメントについて，親は老い，配偶者や子どもがいない人もいるなか，家族以外の支えも重要になるだろう。高齢者にとって家族や友人との会話の頻度は健康状態と関連していたのだが，男性の単身世帯では「ほとんど会話をしない」という回答が11.7％を占めていた（内閣府, 2018）。このような状況はさまざまな問題につながるだろうが，アタッチメントの観点からも，どの年代においても他者とのつながりがいかに重要であり，それをどう実現できるかについてのさらなる知見が求められる。

第 8 章

アタッチメントと喪失

　愛する人を失うことは，このうえなくつらいことである。日ごろから身近にいる人の大切さは失って初めて強く実感することも多い。
　子どもにとっての養育者の大切さについても，それが「無い」状態を経験した子どもたちと接するなかで，児童精神科医であったボウルビィが気づき，アタッチメント理論を考案するにいたった。ボウルビィはまず臨床経験から，非行少年の多くが幼少期に養育者との別離を経験していることに気づいた。その後，戦災孤児の追跡調査を通して，子どもには衣食住だけでなく養育者との情緒的絆が不可欠であると考えた。そして絆の大切さを説明するために，精神分析理論に加えて，動物行動学や進化論などにも拠りながらアタッチメント理論を考案した。それを公刊した3部作のタイトルを「アタッチメントと喪失（*Attachment and Loss*）」（Bowlby, 1969/1982：1973：1980）としたことに，ボウルビィの着眼点が表れている。
　本章では，改めてボウルビィの考えを簡単に述べ，その後に展開した研究知見を紹介し，支援のヒントについて考えたい。

アタッチメント理論からみた喪失への反応

　ボウルビィ（Bowlby, 1969/1982）は，アタッチメント欲求を生存のための基本的欲求と考えた。とりわけ未熟な状態で産まれてくる人間の乳児は，危険や恐れを感じた際に，強くて大きな養育者に近接して保護や慰めを引き出し，安全と安心を得ようとするアタッチメント欲求を頻繁かつ切実に経験する。

　養育者と分離された乳児は，養育者を呼び戻そうと激しく泣くなどの「抗議」行動を示す。分離が長引くと，活力が下がり「絶望」状態になる。さらに分離の長期化により，養育者と再会してもアタッチメント行動をみせない「脱愛着」と呼ばれる状態になる。再会してしばらく経つとアタッチメント行動が表れるため，絆がなくなったのではなく防衛的に絆を抑圧している状態と考えられる（Bowlby, 1980）。

　このようにボウルビィは，子どもが養育者を求めるのは本能的欲求であり，養育者からの分離が子どもに重大な影響を及ぼすことを示した。入院によって母親から引き離された2歳児の激しい苦痛をロバートソンとともにドキュメンタリーとして記録し公開したことで，当時のイギリスにおける子どもの入院時の面会制限を緩和させる動きにもつながった（Holmes, 1993）。

　一方で，ボウルビィ（Bowlby, 1980）は，子どもが養育者との分離や喪失を経験することが必ず病理につながると捉えていたわけではない。どのような場合に悲嘆の過程を適応的にたどるのか，どのような場合に病理的になるのかについての検討が必要と考えた。成人が親しい人と死別した際には，最初はつらさのあまり「麻痺」したような状態になり，やがて喪失した人を「切望し探し求める状態」

「混乱と絶望」「再組織化」といった段階を経るとされている。実際には段階を行きつ戻りつしながら，喪失を受け入れ，新たな現実に適応し，こころの状態を立てなおしていくことが多く，これは正常な悲嘆の過程とされている。そうではなく，悲嘆の過程が進みにくい状態は，喪失への怒りや自責などの強い反応が長く続いて生活の立てなおしをしにくい「慢性的な悲嘆（chronic mourning）」，あるいは，ほとんど混乱を示すことなく日常生活を続けている「長期にわたる自覚される悲嘆の欠如（prolonged absence of conscious grieving）」といった両極的な状態として表れ，身体的・心理的な病理につながりやすいとボウルビィは考えた。

成人アタッチメント面接における喪失経験が未解決なこころの状態

　喪失を経験しているか否かよりも，アタッチメント対象の喪失というトラウマ的な経験を現在解決できているこころの状態かどうかが重要であると，成人のアタッチメント研究から見出されてきた。

　乳児のアタッチメントの個人差は，アタッチメント対象の応答性の質に応じて，どのようにアタッチメント欲求を表出することがその養育者と近接するために効果的かを無自覚的に学習してきた，子どもの方略の表れといえる。養育者から敏感に応答された経験を重ねると，必要なときに率直にアタッチメント行動を示し，養育者が応答するとすぐに落ち着きを取り戻す「安定型」アタッチメントとなる。一方，アタッチメント欲求を拒絶されるとアタッチメント行動の表出を最小化する「回避型」，養育者から一貫した応答性を経験できないとアタッチメント行動の表出を最大化しながらも落ち着

きを取り戻しにくい「アンビバレント型」となる。さらには、養育者からの虐待や養育者のトラウマ未解決などにより、安全の源であるはずの養育者が恐怖の源となる経験をすると、乳児は安全・安心を得るための方略を組織化することができず、養育者を前に著しい混乱に陥る「無秩序・無方向型」となる（くわしくは表2-1を参照してほしい）。

　成人アタッチメント面接（AAI）は、成人にアタッチメントに関わる記憶や経験を尋ね、その語り方から、アタッチメントに関する記憶や感情に防衛的にならずにアクセスできるこころの状態か（安定自律型）、アクセスしにくいこころの状態か（軽視型）、アタッチメントに関する否定的な経験にとらわれたこころの状態か（とらわれ型）、アタッチメントについてのトラウマや喪失経験が未解決なこころの状態か（未解決型）を評価するものである（くわしくは表6-1を参照してほしい）。

　AAIの開発者は、無秩序・無方向型に該当する乳児（当初は分類不能とされていた乳児たちで、のちに無秩序・無方向型というカテゴリーが発見され、再分析したところ、多くが当該カテゴリーに分類された）の養育者が、喪失経験について特異的な語り方をすることに気づいた。そうした養育者が喪失について語る内容には「慢性的な悲嘆」や「悲嘆の欠如」といった特徴は明示的に表れていなかったが、語り方に「未解決」の兆候が表れていることを見出したのである。より具体的には、喪失について語る際に、「談話や推論モニタリングの欠如（lapses in the monitoring of reasoning or discourse）」が生じていた。たとえば、亡くなった人物について物理的に生きているように語ったり、突然長い沈黙に陥ったりする（Hesse, 2016）。

　AAIによる養育者のアタッチメントの分類結果と、乳児がその養

育者に形成するアタッチメント・パターンが有意に関連することがメタ分析によって認められている（van IJzendoorn, 1995）。養育者にとってアタッチメント対象を喪失した経験が未解決のままだと，子どもの前でつらい記憶がよみがえることなどにより，アタッチメント欲求への応答に影響する可能性が考えられる。

子ども時代における養育者の喪失についての実証研究

（1）死別による影響の受けやすさ

子ども時代の親との死別が，精神的・身体的健康に及ぼす長期的な影響について，実証研究がなされてきた。たとえば，子ども時代に親との死別を経験した成人（177人）とそうでない成人（2463人）を比較したオランダでの研究から，精神的健康（抑うつ，不安，希死念慮），身体的健康（メタボリック症候群，老化を表す染色体テロメアの長さ），健康に関わる行動（喫煙，飲酒，運動）に両群で有意な差がないことが示された。死別経験群においては，死別時の年齢が幼いほど直近の希死念慮が多かったが，該当者の人数が少ないため結果の一般化は難しいと考察されており，むしろ，子ども時代の親との死別という深刻な経験をしていても全体的には長期的適応がよいことが報告された（van Heijningen et al., 2023）。

悲嘆についての研究からも，悲嘆そのものは正常な死別反応であり，どのような場合に通常でない悲嘆が起こるのかということが検討されてきた。中島（2015）によると，1990年代半ばから，死別の急性期にみられる強い悲嘆反応が長期化して社会生活や精神健康に障害をきたしている状態について「複雑性悲嘆」という用語が使われるようになった。これは，異常な悲嘆反応というより，悲嘆のプ

ロセスが滞った状態と理解されている。複雑性悲嘆は，突然の死や暴力的死別において高い割合で報告されているが，故人との関係性も重要であるという。また，男性より女性に多く，その心理的なレベルの理由として，ストレスの認知評価や対処行動が関係している。つまり，女性は男性より，喪失をストレスだと評価して，より強いレベルの苦痛を訴える。また，男性が問題中心型の対処行動や距離を置く対処行動を好むのに対して，女性は苦痛を他者に話すなどの情動中心型の対処行動をとりやすい。そのため女性のほうが男性より複雑性悲嘆の診断に合致しやすくなるのだが，悲嘆を感情的に表出することは周囲からの気づきや支えを得やすいという有益さもある可能性を中島は考察している。

（2）アタッチメント・スタイルと喪失への反応

アタッチメントが関係するストレスへの認知評価や対処行動の個人差は，アタッチメント・スタイルから捉えることができるだろう。成人のアタッチメント・スタイルは，アタッチメントに関する「不安」（大切な人から見捨てられる不安）と「回避」（頼ったり頼られたりすることの回避）の二次元で捉えることができる。

悲嘆との関連についての先行研究からは，アタッチメント・スタイルの「不安」次元の高さが複雑で深刻な悲嘆と関わると報告されている（Fraley & Shaver, 2016）。「回避」次元の高さについては，つらい感情から防衛的に意識をそらすために，自覚的な苦痛は低い一方，悲嘆からの回復に時間がかかり，のちに苦痛が出現する可能性が指摘されている。そこで，フラレイら（Fraley & Bonanno, 2004）は死別を経験した成人59人に，死別後4ヵ月と18ヵ月に臨床面接を行い，悲嘆や適応を評価した。その結果，まず，アタッチメント

に関する「不安」次元の高さが苦痛の高さと関連することが認められた。「回避」については苦痛の低さと関連していたものの,「不安」と「回避」の両方が高い場合には最も強い苦痛を感じ,不適応になりやすいとのことであった。

　(3) あいまいな喪失

　喪失はどれもつらいものであるが,とりわけ,事故や災害などによって大切な人が行方不明になるなど,喪失に不確実さが伴うと,正常な悲嘆のプロセスが進みにくいと考えられる(Boss, 2006)。親が認知症になるなど,大切な人の様子がすっかり変わってしまうことも含めて,ボスは「あいまいな喪失」と呼んだ。

　生物学的親と離れて養親や里親と暮らす子どもの状態を,あいまいな喪失という観点から理解する研究が欧米で行われている(Powell & Afifi, 2005)。親が犯罪によって収監された子どもは心的外傷後ストレス障害(PTSD)や内向性次元の問題(不安や抑うつ)を呈しやすいことに加えて,親が収監されるにいたった理由をあいまいにしか説明されていないことが多く,それが子どもの警戒心,罪悪感,心身症状を高めるリスクになると報告されている(Bocknek et al., 2009)。

日常や実践への応用

　以上,概観してきたアタッチメントと喪失についての知見を日常場面や支援の実践にどう活かせそうか,仮想エピソードとともに考えてみたい。

エピソード 8-1

　乳児健診の際，ある母親は，子どもがミルクをあまり飲まないと保健師に心配そうに訴えた。子どもの体重は正常に増えているので心配ないことを伝えても，母親の表情はさえないままであった。

　健診後に保健師は，休憩スペースで子どもにミルクを与えている母親を見かけた。子どもに声をかけることもなく，思い詰めた表情の母親を見て，保健師は「先ほどミルクの飲みを心配しておられましたよね。どうですか？」と声をかけた。母親はハッと我に返ったような反応をしたものの，哺乳瓶に残ったミルクの量を見て，「全然飲んでいない」と硬い表情になった。少しウトウトとし始めた子どもの目の前で哺乳瓶を揺らし，「ほらミルクよ」と与え続けようとした。保健師が「眠いのかな」とつぶやくと，母親は「お腹がすいたまま寝てしまうなんて」と泣き出しそうな顔で保健師を見た。保健師は母親の不安の大きさを感じて，子育て支援センターで保健師が子どもの発達をフォローできること，そこで心理士との相談もできることを伝えた。

　翌週，母親はセンターを訪れ，心理職の面談を受けた。面談の冒頭，母親はミルクを飲まないで子どもが死んでしまうのではないかという不安を訴えた。誰か近しい人が亡くなったことがあるかと心理士が尋ねると，子どもを妊娠したころに実母が病死したと語った。つわりがひどくて見舞いに行けない期間があり，臨終の実母に会ったとき，実母はやせ細っていて意識がないまま息を引き取ったという。とてもショックだったが，自分がストレスを受けてしまうと胎児に悪い影響があるかもしれないと思い，できるだけ前向きでいようと努めた。子どもを元気に育てることに集中してきた。

そこまで話すと,「こんな話,誰にもしたことがない」と母親は語った。心理士が「ただでさえお母様を亡くすのはつらいことでしょうし,初めてのお子さんの出産や育児をお母様と分かち合いたいと思うこともあるのでは」と言葉をかけると,母親は堰を切ったように泣き出した。泣きながら,次々に気持ちを語った。忘れられない臨終の光景やつらい気持ちとともに,実母のことが大好きだったことを話すと,表情は少し穏やかになっていた。
　その後,保健師が母親の授乳の様子を見かけたとき,母親は子どもの目を見ながら声をかけ,子どものリズムに合わせてミルクを与えていた。

　このエピソードの母親は,もともと実母との関係がよく,心配を保健師に伝えたり,心理職との面談を利用したりと,困ったときに他者を頼ることができることは強みであった。生まれてくる子どものために前を向こうとすることで,悲嘆のプロセスが滞り(ごく最近の喪失であれば混乱していることは正常な悲嘆プロセスかもしれない),実母の死が子どもに重なり,文脈に沿わないほどの恐怖が押し寄せていたと考えられる。抱え続けてきた気持ちを安全に語れたことで,恐れに圧倒されることなく,目の前の子どもを自然に見ることができるようになった。
　回避やとらわれなどの不安定なアタッチメントがベースにあり,喪失がいっそうトラウマ的である場合などには,より専門的な支援が必要になるかもしれない。子どものアタッチメントと親のアタッチメントの一致度をメタ分析した研究からは,子どもが無秩序・無方向型で母親が未解決型という組み合わせが全体の1割以上であっ

た（van IJzendoorn, 1995）。子どもと養育者の関係性支援においては，喪失経験についても注意を向ける必要があるだろう。

エピソード　8-2

　母親と父親は協力して子育てをしていたが，父親の仕事が忙しくなるにつれて，母親が一人で家事・育児を担うようになってきた。父親は毎日帰りが遅く，仕事のストレスで怒りやすくなっていた。ある日，子育ての悩みを伝えた母親に対して，父親は母親の話をほとんど聞かずに母親を責めた。母親は我慢の限界を超えて，「それならあなたがすればいい」と家を飛び出した。

　母親は数日帰ってこなかった。父親は母親が出ていったことに腹立ち戸惑いながら，どうにか仕事を調整して子どもの世話をした。子どもは「ママは？」と聞いたが，父親は「そのうち帰ってくるよ」とだけ答えた。子どもは聞き分けよく過ごしていたが，「指が痛い」と言うので見ると，爪を深く嚙み，指先から血がにじんでいた。父親は驚いて手当てをした。病院に行ったほうがいい状態なのか，子どもはいつも爪を嚙んでいたのだろうか，母親と話したい，早く戻ってきてほしい……などと父親が思っていたとき，じっと手当てを受けていた子どもが，「パパ」と声をかけ，「（自分の名前）が悪い子だから，ママがいなくなったの？」と尋ねた。父親は，まさか子どもがそんなことを考えていたとは思いもよらず驚いた。「違うよ。（子どもの名前）のせいじゃないよ。パパとママがケンカしてしまっただけだよ」と答えた。子どもが聞き分けよく過ごしていたのは，良い子にしていたらママが帰ってくると思っていたのかもしれない，不安な気持ちを一人で抱えて爪を嚙んでいたのかもしれないと思うと，父親は切なくなり，「パパもママも（子どもの名

前）が大好きだよ」と子どもを抱きしめた。

　アタッチメントは，頼れる人との関係を通して安全と安心を得たい欲求である。そのための手段として，抱っこなどのスキンシップや気持ちに寄り添う言葉かけがあることを第3章に述べたが，ストレスフルな状況について子どもが理解できるよう意味づけや見通しを与えることも重要である。ストレンジ・シチュエーション法を幼児に行うと，何も言わずに部屋を出た母親が戻ったとき，多くの子どもが，どこに行っていたのか，トイレに行っていたのか，などと母親に尋ねる。子どもなりに状況を理解しようとする質問である。母親が「もうどこにも行かないよ」といった見通しを与えることで安心する子どももいる。

　何が起こっているのか理解できず，この先どうなるかの見通しがもてない状況は大人であっても不安だろう。楽しいはずの海外旅行であっても，旅先で何らかの事情により帰国便がいつ飛ぶかわからないような状況になったとしたら，楽しさどころではなく，不安で情報収集に努めることだろう。子どもの場合も同様で，子どもなりに状況を理解しようとするが，子どもは自分の視点でものごとを捉える自己中心的な思考をしやすく，状況の原因を自分と関連づけて考えやすい。

　子どもにとってアタッチメント対象がいなくなることは最大級の危機である。大人が子どもの不安を受けとめ，年齢に応じたわかりやすい言葉で子どもに状況を説明し，できる限りの見通しを伝えることが支えになる。その際，たとえば，母親への腹立ちに任せて，「ママはあなたを見捨てた」といった否定的な意味づけをすると，

子どもが自分の価値を疑うことになる。「パパが仕事ばかりしていたから、パパに大切なあなたともっと過ごしてほしいとママは思ったのかな」などと、前向きな言葉で伝えることができると、子どもは自分の価値を信じることができるだろう。

　大切な人を失うことはやはり本当につらいことである。これに向き合うには、信頼できる他者との絆が大きな力になる。つらいときほど、子どもには大人の寄り添いが不可欠である。しかし養育者も、家族を失った場合や、災害などで住み慣れた家・地域を失った場合などは、深く傷ついていることだろう。そうした場合には、養育者と子どもそれぞれの傷つきを受けとめる支援が必要になる。現在の関係性に支えられながら、失った人との関係性をこころのなかで再構築することができていくのだろう。

第 9 章

アタッチメントと病理・障害

　乳幼児期に養育者とのあいだに良好なアタッチメントを形成することが，その後の健全な心身の発達の基盤になることが研究知見によって示されてきた。それではアタッチメントに問題を抱えた場合，子どもはどのような影響を受けるのだろうか。予防や介入はできるのだろうか。

　本章ではまず，乳幼児期の深刻なアタッチメントの問題である，精神医学的診断としてのアタッチメント障害や，診断として定義されていないアタッチメントの問題について述べる。次に，主に発達心理学研究をベースに進展してきたアタッチメントと精神病理との関連についての知見を概観する。さらに虐待などの逆境的な経験と精神病理との関連においてアタッチメントが果たす役割についての知見を紹介する。最後に，架空エピソードとともに，これらの知見を臨床場面にあてはめて考えてみたい。

アタッチメント障害とアタッチメントの問題

　ボウルビィが提唱したアタッチメント理論は，まず主に欧米の発達心理学領域で多くの実証研究が行われ，その後，臨床領域でも注

目されるようになった。

　アタッチメント障害については精神医学領域で，DSM（アメリカ精神医学会『精神疾患の診断・統計マニュアル』）やICD（世界保健機関『疾病及び関連保健問題の国際統計分類』）における診断名として基準が示されてきた。アタッチメントの問題が最初に診断名にあがったのは1980年のDSM-Ⅲにおける「反応性アタッチメント障害」であった。DSM-Ⅳでは，社会的相互作用を開始できない「抑制型」と無差別的な社交性を示す「脱抑制型」の二つのサブタイプが定義されたが，DSM-Ⅳの基準は，アタッチメント行動（苦痛なときに養育者との近接を求める行動）と社会的相互作用を混同しており，アタッチメント行動に着目すべきといった批判があった（Allen & Schuengel, 2020）。

　2013年に改訂されたDSM-5（American Psychiatric Association, 2013）においてアタッチメント障害は，「反応性アタッチメント障害」と表記され，苦痛なときでも養育者に慰めを求めない（あるいは，養育者からの慰めに反応しない）といった抑制された行動を一貫して示すことと定義された。無差別的な社交性は，「脱抑制型対人交流障害」（見慣れない大人に積極的に近づいて交流する行動様式などが特徴）という診断名となって，アタッチメント障害とは区別された。どちらの障害も，社会的ネグレクト，養育者の頻回の変更，選択的アタッチメント形成の機会をもてていない（多くの子どもを少ない大人が世話する施設など）といった極端に不十分な養育経験が原因と見なせることが診断の要件である。

　つまりアタッチメント障害は，「特定のアタッチメント対象が存在しない」環境で育った子どもが，誰にもアタッチメント行動を向けない状態を指す。一方で現実の臨床現場には，「特定のアタッチ

メント対象がいて，その対象との関係が不適切」という場合が多いだろう。そこで，ジーナーとボリスは発達心理学の研究知見も活用しながら，①無アタッチメント障害（Disorders of Nonattachment），②安心基地行動の歪み（Secure-Base Distortion），③中断されたアタッチメントによる障害（Disrupted Attachment Disorder）という，新たな診断カテゴリーを提案した。①無アタッチメント障害は，DSMにおける反応性アタッチメント障害に対応する。②安心基地行動の歪みは，安心基地を顧みない危険な行動，探索をせずに養育者に極端にしがみつく行動，養育者の不機嫌を恐れる過度な迎合や警戒，保護や慰めを与える役割の逆転といった表れ方をする。③中断されたアタッチメントによる障害は，アタッチメント対象を喪失した子どもが示す抗議・絶望・脱愛着といった反応状態であり，乳幼児にとってアタッチメント対象を突然喪失する悪影響は他の年代と異なる大きさがあることから診断カテゴリーに加える提案をした（Zeanah & Boris, 2000）。

　アタッチメント障害については，本来の定義を超えて過剰に診断される問題が指摘されている[※]。アレンら（Allen & Schuengel, 2020）は，虐待を受けた後に里親や養親と暮らし，メンタルヘルスの治療歴がある子どもたちの診断状況を調査した。結果として，100人のうち38人が地域の臨床現場で反応性アタッチメント障害と診断されていたのだが，専門病院で診断基準に基づいて再診断すると，反応性アタッチメント障害に該当したものは皆無であった（多くが行為障害であった）と報告している。その原因として，反応性アタッチメント障害はまれな状態であるため，臨床実践家が訓練中に出会いにくく診断基準を誤解していること，また，反応性という診断名の影響を受けて，子どもが実際に呈している症状よりも，逆境的な

経験をしてきたことを重視して診断している可能性を指摘している。ジーナーらも，反応性アタッチメント障害を診断する際，原因となる経験は虐待全般ではなくネグレクトや養育者不在であること，また，注目すべき症状は社会的行動全般ではなくアタッチメント行動の欠如であることを述べている。また，発達心理学におけるアタッチメントの不安定型は，あくまで適応へのリスク要因や保護要因であり，臨床的診断とは異なることも指摘している（Zeanah & Guyon-Harris, 2020）。ここまで述べたことを表9-1にまとめたので参照してほしい。

　障害という言葉は，その「個人の問題」という印象を与えがちである。一方でアタッチメントの問題の多くは「関係性の問題」である。そのため，特定の養育者との不適切な関係性について「アタッチメント障害」という言葉を使うことは，診断定義と合致しないことに加えて，子ども個人の問題という誤解を与える可能性があるため適当ではない。ジーナーとボリスが提案するような「安心基地行動の歪み」，もしくはよりシンプルに「アタッチメントの問題」と表現することが適当といえるだろう。一方，「アタッチメント障害」はまれな障害であり，臨床場面で多く出会う「アタッチメントの問題」を捉える枠組みが実践上必要とされている。関係性の問題という視点に立ちながら，臨床現場での理解と支援に活かすことができるよう，「アタッチメントの問題」を捉えるエビデンスのある基準整備が期待される。

アタッチメントと精神病理

　発達心理学では乳幼児期のアタッチメントの個人差を捉え，それ

表9-1 アタッチメント障害,アタッチメントの問題,アタッチメント・パターン
(Allen & Schuengel, 2020; American Psychiatric Association, 2013; Zeanah & Boris, 2000; Zeanah & Guyon-Harris, 2020を参考に筆者作成)

精神医学の診断基準（DSM-5）	特徴	留意事項
反応性アタッチメント障害（Reactive Attachment Disorder: RAD）	特定のアタッチメント対象がいない環境（社会的ネグレクト，養育者の頻回の交代など）で育ち，誰にもアタッチメント行動を向けない	まれな障害であり，重度のネグレクトを受けた子どものなかでさえ10％未満にしか生じない。抑うつ症状やひきこもり行動を伴う内向性次元の問題として表現されやすい。臨床現場では，被虐待経験があり行為障害（外向性次元の問題）を示す子どもが，本来の定義に合致しないのにRADと診断される問題が指摘されている
脱抑制型対人交流障害（Disinhibited Social Engagement Disorder: DSED）	特定のアタッチメント対象がいない環境で育ち，無分別な社交性が特徴	まれな障害。脱抑制と外向性次元の問題を呈する。DSM-IVではアタッチメント障害のサブタイプとされていたが，DSM-5では，アタッチメント行動はさまざま（欠如・阻害・健全）であり，アタッチメント障害とは区別された
診断基準にはない「アタッチメントの問題」	家庭での不適切な養育など，特定の養育者がいて，その養育者との関係が問題を抱えている場合について，「安心基地行動の歪み」といった診断カテゴリーの追加が提案されているが，DSMには該当する診断名がない	特定の養育者との関係性の問題であり，子ども自身の問題ではない（障害ではない）。その養育者といるときに，危険な行動をする，しがみついて離れない，過度に機嫌をうかがう，安心感を与える役割が親子で逆転しているなど
発達心理学研究におけるアタッチメント・パターン	ストレンジ・シチュエーション法によって分類される特定の養育者へのアタッチメント行動パターン。標準化された手続きで観察し，信頼性資格を有する複数の評価者が各パターンに分類する	アタッチメント・パターンの不安定型（回避型，アンビバレント型，無秩序・無方向型）はあくまで精神病理のリスク要因の一つ（安定型は保護要因の一つ）

と適応やメンタルヘルスとの関連を検討する研究が進展してきた。アタッチメントと精神病理との関連についての研究が開始された当初は，さまざまな精神病理とアタッチメント・パターンとの対応が検討された。理論的な仮定として，アタッチメント欲求から防衛的に意識をそらせる最小化方略（回避型）は外向性次元の問題（攻撃性，反社会性など）につながり，アタッチメント欲求の表出を最大化す

る方略（アンビバレント型）は内向性次元の問題（不安，抑うつなど）につながると考えられた（Dozier et al., 1999）。また，アタッチメント方略を組織化できない無秩序・無方向型は，解離などの精神病理をもたらしやすいと考えられた（Carlson, 1998）。

　近年のレビュー論文やメタ分析による研究知見の概要は次の通りである（詳細は北川，2021を参照してほしい）。まず，子どもが示す外向性次元の問題については，無秩序・無方向型との関連が最も強く，回避型との関連は有意だが弱い（Fearon et al., 2010）。内向性次元の問題については，回避型が関連している。ただし，アタッチメントとの関連は，内向性次元の問題より，外向性次元の問題とのほうが強い（Groh et al., 2012）。次に，成人の精神病理については，乳児期の無秩序・無方向型と青年・成人期の解離症状，アンビバレント型と不安障害とのあいだに有意な関連がある（Stovall-McClough & Dozier, 2016）。成人のアタッチメントに目を向けると，境界性パーソナリティ障害などの内向性次元の問題は，成人のアタッチメントのとらわれ型や未解決型と関連し，反社会性障害などの外向性次元の問題は，成人のアタッチメントの軽視型，とらわれ型，未解決型と関連していた。ほとんどの精神病理は未解決型と関連していたが，うつ病の人にはとらわれ型と軽視型が多かった（Bakermans-Kranenburg & van IJzendoorn, 2009）。

　上記の通り，精神病理とアタッチメント・パターンには理論的に仮定される通りの対応関係が必ずしも認められず，その理由として，特定の精神病理の特徴を捉えようとしても，併発している他の病理の影響を受ける可能性や，同じ病理のなかでのタイプによって異なるアタッチメントとの関連が起こる可能性（反社会性障害のうち，嗜癖など物質に向かう場合は回避型と関連するが，配偶者への暴力など家族

に向かう場合はとらわれ型と関連する）などが考察されている（Bakermans-Kranenburg & van IJzendoorn, 2009）。

　また，精神病理とアタッチメントの関連については，精神病理をもたらす他のリスク要因のなかにアタッチメントを位置づけて検討すべきという指摘もある。これまでの研究知見から，精神病理へのリスク要因については次の五つの原則が導かれるという。①単一の要因が精神病理をもたらすことはなく，アタッチメントが不安定であることのみが原因で精神病理が生じることはない。②精神病理形成には複数の経路があり，異なる原因が同じ病理をもたらすことや（たとえば貧困，家庭内暴力，親の精神病理のいずれも行為障害をもたらし得る），同じリスク要因が違った結果をもたらすことがある（回避型アタッチメントは行為障害のリスクを高めるが，自殺のリスクを下げる）。とくに，リスク要因からの「影響の受けやすさ」には個人差がある。③リスク要因は，個人，養育者，より広い生態学的文脈にいたる複数のレベルで生じ得る。アタッチメントと関連する要因もあれば（社会的サポートの有無は，敏感な養育と関連するなど），関連しない要因もある（学校の質など）。④リスク要因と結果との関連は直線的ではなく，他のリスク要因が加わることで急激に病理発生の確率が高まることがある。⑤発達段階ごとに重要な影響をもたらすリスク要因が異なる。乳児期にはアタッチメントが重要である一方，思春期には仲間関係や親が子どもに注意深く目を向けている程度が重要になる（DeKlyen & Greenberg, 2016）。

　子ども時代のアタッチメントが精神病理をもたらすメカニズムとしては，行動，感情調整，認知情動スキーマ，動機や志向性という観点から説明されている。まず行動については，応答性の低い養育者に対して子どもが示す行動パターン（めそめそ泣く，不従順など）

は，短期的にはその養育者とのあいだで有効な方略ではあっても，他の文脈では行動上の問題になる可能性が考えられる。また，感情を調整する力は，乳幼児期の養育者との相互作用を通して育まれ，その後の困難な状況での対応に影響する。さらに，幼いときに繰り返したアタッチメント経験は内在化され，認知情動スキーマあるいは内的ワーキングモデルとなって，自己や他者に関わる情報処理に影響する。最後に，アタッチメントは社会的な志向性に影響する。乳児期に安定したアタッチメントを形成すると，その後，向社会的な仲間を志向するなどにより，非行から遠ざかることになりやすい（DeKlyen & Greenberg, 2016）。

逆境的な経験におけるアタッチメント

ここまで概観してきた通り，子ども時代のアタッチメントの問題は精神病理のリスクになるといえるが，幼いころの経験が運命決定的にその後の状況を規定するわけではない。レジリエンスに目を向けながら，逆境的な経験についての研究知見をみていきたい。

まず，ストレンジ・シチュエーション法についてのメタ分析から，虐待を受けた子どもの64％が無秩序・無方向型アタッチメントであったことが報告されているが，全員が無秩序・無方向型ではなかったことについても言及されている。虐待を受けながらも組織化されたアタッチメントを形成できた理由として，子どもにとっての複数のアタッチメント対象のうち虐待的ではない大人との相互作用がプラスに作用した可能性や，虐待的な環境からの「影響の受けやすさ」における個人差が関わっていた可能性が考察されている。さらに，虐待も多様であり，その様態によってアタッチメントに与える

影響が異なる可能性も指摘されている（Madigan et al., 2023）。

　虐待や家族の機能不全など子ども時代の逆境的な経験（Adverse Childhood Experience：ACE）が青年のメンタルヘルスに及ぼす影響についての研究からは，ACEとうつの関連は男女ともに有意であったが，女性においては，保護・リスク要因（いじめ，非行仲間，親とのアタッチメントなど）を考慮すると，ACEはうつや不安の低さと関連していた。女性は，逆境を経験していても，それらに対処するリソースを獲得し，それが功を奏して精神的健康を保てた可能性が考えられる。保護要因の一つが親との良好なアタッチメントであった（Gajos et al., 2022）。

　成人期においても，現在の良好なアタッチメントが保護要因になることが示されている。成人期初期の黒人女性440人を対象とした研究で，現在のアタッチメント安定性が低いと，18歳までの被虐待経験が，感情調整不全や適応的でない対処行動を媒介して，行動やメンタルヘルス上の問題につながりやすい一方，アタッチメント安定性が高い場合にはこうした関連が軽減された（Gause et al., 2022）。また，11歳までの被虐待経験は，中年期におけるアタッチメント不安の高さ，および攻撃的な犯罪で逮捕される確率の高さと関連した一方，中年期に安定したアタッチメント関係をもてている場合は逮捕にいたるリスクが低かったことを示す縦断研究もある（Papalia & Widom, 2023）。

　良好なアタッチメントが保護要因になるという知見は介入へのヒントになりそうである。7歳から10歳の子どもを対象とした研究で，現在の母子関係が不安定な場合は，被虐待経験は感情調整の困難を招き，内向性次元・外向性次元の問題発生の確率を高めることが示されたが，現在の母子関係が良好な場合には，被虐待経験があ

っても感情調整は影響を受けないことが示された。この研究における被虐待経験者の95％以上が母親からの虐待を受けていたのに，児童期に母親とよい関係をもてていた子どもが111人中35人いたことについて，乳児期以降に関係性の質が変わる可能性などが考察されている（Alink et al., 2009）。また，虐待を受けた子どもが里親など代替養育者を含む現在の養育者とともに心理療法的な支援を受けることで，不安定なアタッチメント行動が低減すると，6ヵ月後の心理社会的な強みが増すことも報告されている（Smith et al., 2023）。こうした知見は，関係性支援の有用性を示す結果と考えられる。

日常や実践への応用

研究知見からいえることは，アタッチメントの問題は精神病理のリスクになり得ること，一方で，誰もがその影響を受けるわけではないこと，また，いつからでも関係性が改善すると精神的健康を保てる可能性である。架空のエピソードとともにこれらへの理解を深めたい。

エピソード 9-1

女性は，両親の激しい争いが絶えない家庭で育った。両親が大声で言い争い，物が投げられ壊れる音に，息をひそめて怯えていた。大ケガをした母親を見て，母親が死んでしまうのではないかという恐怖も感じた。女性は両親の機嫌をうかがい，母親に笑顔を向けるのだが，母親が女性を見つめ返すことはほとんどなく，言葉にならない孤独を感じていた。女性が成長すると，近づいてくる男性が現れたが，すぐに去っていった。妊娠していることに気づいたときは

不安よりも，自分が独りぼっちでなくなると嬉しく思った。

　パートナーがいないまま，親の家で暮らし，子どもを育てることにした。親は子育てには協力せず，女性に子どもと二人分の生活費を入れるように求めるので，女性は夜，子どもが寝ている時間に仕事をした。女性は子どものために懸命に世話をするのだが，泣いたときにどう泣きやませていいかわからなかった。疲れもひどく，泣く子どもに本気で大声をあげてしまうこともよくあった。

　女性は，安全と安心の拠りどころであるはずの両親に守ってもらい，慰めてもらうことができず，恐怖や孤独が解消されないままであったと考えられる。養育者に恐れや不安を落ち着かせてもらえないままであると，他の手段でそれらを解消しようとせざるを得ない。女性が近づいてくる男性と性的な関係をもつことは，成熟した恋愛関係というよりも，恐れを抱えたままの孤独から抜け出し，誰かとつながりたい欲求が背後にあると考えられる。しかしながら，こうした男性が，敏感な養育者のように女性の気持ちに関心を向け，女性の恐れを受けとめてくれることは滅多にない。女性が妊娠を嬉しく思うことは前向きな気持ちではあるが，自分の孤独を埋めてくれる役割を子どもに期待しているならば，現実の子育てとのギャップが懸念される。子どもへの望ましい関わり方についてのモデルを女性はもっておらず，子どもへの前向きさと懸命さだけでは，うまくいかないことも多い。泣く子どもに本気で大声をあげてしまうとき，女性自身の恐れや無力感も高まっていると考えられる。女性にもサポートが必要である。また子どもにも，アタッチメント欲求に応える関わりが大切になる。

エピソード 9-2

　その後、子どもの健診未受診のために保健師が家庭訪問をしたことをきっかけに行政の支援につながり、女性と子どもは母子生活支援施設で暮らすことになった。子どもは保育園に通うようになり、女性は昼間に仕事をし、職員に支えられながら子どもの世話をするようになった。福祉の手続き、保育園の申し込み、仕事探し、必要な通院など、一つひとつの女性の具体的な困りごとを職員が手助けすることを通して、女性は職員を頼るようになり、日々のたわいない出来事を職員に話しにくるようになった。それでも、子どもが泣くと女性が大声で叱っている声が職員に聞こえてきて、「思わず大声を出したくなるときには職員に助けを求めにきたらいいんだよ」と職員は働きかけを続けていた。

　子どもは、保育園に行き始めた当初は緊張で固い姿勢を崩さずにいたが、しだいに慣れて、食べて寝て遊べるようになってきた。しかしひとたび泣き出すと、保育士がなだめても泣きやむことが難しかった。それなのに、母親である女性の姿を見ると、ピタリと泣きやみ、母親の顔色をうかがう子どもの様子を保育士たちは心配した。母子を支える関係者でこうした様子を話し合い、保育士は子どもの強い不安をしっかりと受けとめてアタッチメント欲求を満たし、施設職員は日常的に女性を支えることを目指した。職員は、女性が子どもへの関わりで困っていることをサポートするだけでなく、子どものために頑張っていることや前向きさを積極的に褒めた。

　少しずつ親子の状況は改善した。女性は「これまで私の味方はいなかった。自分がしてもらって嬉しかったことを子どもにしていきたい」と職員に話した。同時に「私も子どものときにこんなふうに

親に関わってほしかったな。この子はいいな,とも感じます」と,自分の傷つきを率直に振り返った。施設を出るにあたって,職員は親子が地域のさまざまな資源に支えられるよう一緒に環境を整えた。そして,必要なときはいつでも話しにきていいことを伝えた。

　子どもに不適切な養育を,そのようにしたくてする親はほとんどいない。エピソードの女性のように,子どもの誕生を嬉しく思い,懸命に世話をしようとするものの,現在のストレス（孤立した育児,経済的困窮など）や,望ましい関わりを受けた経験やモデルがないこと,過去のつらい経験に基づく感情調整不全などによって,うまくいかなくなることが多い。それらが支えられることによって,前向きさを発揮できる。とくに,過去にさかのぼって過去の経験を変えることはできないが,現在,自分のことを親身に考えてくれる人との関係性を経験できることが,今のストレス解決に役立つことに加えて,これからそうした関係を求めていく道しるべになっていくと期待できる。

　女児もアタッチメントの問題を抱えていた。保育士が,女児の状態の背後にある強い不安に思いを馳せてしっかりと受けとめたことは,女児にとってアタッチメントの修正体験になったであろう。他者の応答性を期待できるようになると,アタッチメント欲求を率直に出し,慰められると落ち着きやすくなる。こうした女児の状態の改善と,女性が支えられて前向きさを発揮できたこととが,親子関係の改善にプラスに作用したと想像できる。

　施設を出て新たな環境に歩み出すことはチャレンジである。女性と女児は,こうした移行を丁寧に支えられ,何かあったら戻ってこ

られる避難所をもつこともできた。たとえ限られた期間の関わりであっても，そのときに真剣に関わってくれた人との関係性は，将来必要なとき，次の誰かを頼る力にもなることだろう。

　私たちはアタッチメントの多くを欧米の研究知見から学んでいる。その知見が得られた文化や社会背景も考慮しながら，原理原則を日本の実情にあてはめる必要がある。施設での集団養育を受けた子どもにアタッチメント障害が多いという知見は，ルーマニアの劣悪な施設の実態から得られた報告が中心である。日本においては，欧米よりも，社会的養護を受ける子どもたちが乳児院や児童養護施設などの施設で暮らすことが多い。ルーマニアの結果から学ぶべきことは，一人ひとりに関心を向けた関係性の大切さである。

　アタッチメントに問題を抱えた子どもがさまざまなかたちで表す恐れや不安に対して，大人が圧倒されることなく，背後にある経験や感情に関心を向けながら根気よく応答することは，大切だが簡単ではない。アタッチメントに基づく関係性支援を施設職員全員に行うことで，職員同士がサポートし合えるチームになって子どもに関わることができるようになり，子どもと職員の対話が増え，暴言や不登校の減少，成績向上につながったという日本の実践報告もある（久保，2021）。アタッチメントの問題の支援には日常生活のなかでの養育の質を高めることが必要であり，それをどう実現するかが問われている。

　※　日本においても，特定の養育者がいる子どもに関係性の問題が疑われるときに，「愛着障害」や「アタッチメント障害」という言葉が使われることがある。診断としての「反応性アタッチメント障害」と混同が起きないような用語で「アタッチメントの問題」を捉えることが必要と考えられる。

第10章

アタッチメント理論に基づく親子関係支援

　ボウルビィが提唱したアタッチメント理論は，まず主に発達心理学者によって注目され実証研究が進んだ。その後，発達早期のアタッチメントの質がのちの人格発達や精神的健康に重要な影響を及ぼすことが明らかになり，臨床領域からの関心が高まった。とくに，親のアタッチメント表象が，敏感な養育行動を介して，子どものアタッチメントの質に影響するというアタッチメントの伝達モデル（van IJzendoorn, 1995）に基づいて，親の表象や行動への介入を通して子どものアタッチメント安定性を目指す親子関係支援プログラムが主に欧米において複数開発されてきた。研究者によって介入効果が実証されたプログラムは，今や地域で広く実践される段階になっている（Berlin et al., 2016）。

　本章ではまず，代表的な親子関係支援プログラムの概要を伝える。そのなかでも The Circle of Security Parenting（COSP）プログラムについては，日本語版が作成され，日本でも広く実施されていることから，架空のエピソードとともにプログラム内容の一部を紹介し，プログラムを通した親子関係の変化について述べる。最後に，プログラムの考え方を一般的な養育者支援に活かすヒントを提案する。

親子関係支援プログラム

アタッチメント研究の包括的な概説書である *Handbook of Attachment* 第3版において，エビデンスがある発達早期のアタッチメント支援プログラムとして次の四つが取り上げられている（Berlin et al., 2016）。

（1）The Child-Parent Psychotherapy
　まず，精神分析的な乳幼児 - 親心理療法に基づいてマニュアル化された，毎週の頻度のセッションを12ヵ月間実施するThe Child-Parent Psychotherapy（CPP）である。リーバーマンら（Lieberman et al., 2005）によると，虐待や家庭内暴力にさらされて育った養育者は，トラウマの影響や現実の生活の困難（貧困など）によって，子どもに厳しい態度をとったり，子どもが暴力にさらされている状況を過小評価したりしやすくなる。現実の困難を支えるためのケースワークに加えて，支援者が家庭訪問をして親子の相互作用に同席しながら，親子の思いを代弁し，トラウマの影響を受けた否定的な捉え方を修正できるよう手助けする。CPPによって，親子のトラウマ反応が軽減することや（Lieberman et al., 2005），子どものアタッチメントが改善すること（Cicchetti et al., 2006）が実証されている。

（2）The Attacchment and Biobehavioral Catch-up
　二つ目は，逆境的な経験をした子どものアタッチメント安定性と生物学的な調整機能を高めることを目的としたThe Attachment and Biobehavioral Catch-up（ABC）である（Dozier et al., 2006）。虐待などの逆境を経た子どもは，恐怖を養育者に整えてもらえないため，アタッチメントの質が損なわれることに加えて，ストレスを調整する

神経系の発達も阻害される（コルチゾールが正常に分泌されないなど）。ABCは，家庭で親子同室のセッションを10回行う。親は子どものリードに従い，身体的な慰めを提供し，子どもの感情に気づき表出を促すことを学ぶ。ABCによって，子どものコルチゾールの分泌や行動上の問題の改善（Dozier et al., 2006），アタッチメント安定型の増加とアタッチメント無秩序・無方向型の減少（Bernard et al., 2012）などが報告されている。また，ABCのセッションで支援者は1分間に1回以上の頻度で親に前向きなコメントを伝えることになっており，支援者によるコメントの頻度と内容が養育行動の改善と関連することも示されている（Berlin et al., 2016）。

（3）The Video-Feedback Intervention to Promote Positive Parenting
　三つ目は，オランダで開発されたThe Video-Feedback Intervention to Promote Positive Parenting（VIPP）である。90分の家庭訪問を4回から6回行うという短期間の介入であり，親子相互作用をビデオ撮影し，親と一緒に視聴しながら，支援者は子どもの思いを代弁し，親の敏感な関わり（子どものシグナルへの気づき，適切な解釈，素早い応答）を取り上げて肯定する（Juffer et al., 2008）。短期間の介入だからこそ，介入の焦点が明確であり，支援者がプログラムを習得しやすいことも強みとされている。VIPPによって，子どもの行動上の問題の予防や低減が示されているほか，環境刺激に反応しやすい気質をもつ子どもほど，養育者の敏感性や子どものアタッチメント改善の効果が高いことなどが示されている（Berlin et al., 2016）。日本での実践例も報告されている（近藤，2011）。

(4) The Circle of Security

　最後は，The Circle of Security（COS）である。COSは低学歴で貧困の10代のシングルマザーへの支援を通して開発されており，アタッチメント理論をわかりやすく伝える心理教育が特徴的である。アタッチメントに傷つきを抱える親も多く，支援者が親の感情経験を支えながら養育行動を振り返る内省を促す。標準的には6人ほどのグループで，参加者は順にビデオ振り返りの対象となり，1人あたり3巡のビデオ振り返りを20回のグループセッションで行う。介入前のアセスメントとして，親子のビデオ撮影と親へのインタビューを行い，各親子の強みと課題（子どものアタッチメント・探索のどの欲求に応えにくいのか，受けとめるのが苦手な欲求であっても応えることができている瞬間はあるか，など）を特定するとともに，課題の背景（親の成育史や防衛など）について仮説的理解をもつ。支援に際して親に安心感を与えるために，最初のセッションでは，介入前に撮影したビデオから良好な相互作用だけを編集した映像を呈示する。次のセッションでは，同じく介入前の撮影ビデオから子どものアタッチメント欲求や探索欲求がわかりやすく表れていた場面を切り取ったビデオクリップを用いて，子どもの行動を見て欲求を推測する練習をする。これにより，親は子どもの様子を見て，子どもの欲求を捉えてみようと動機づけられる。その後，各参加者のビデオ振り返りを順に行い，1巡目はよい相互作用を中心に取り上げ，2巡目は課題に目を向け，そこで再度ビデオ撮影を行って，3巡目は親子が成し遂げた前向きな変化を分かち合う（Powell et al., 2014）。COSは他のプログラムと比べて，ランダム化比較試験による効果研究が少ないのだが，子どものアタッチメント改善（Hoffman et al., 2006），親の内省機能（Huber et al., 2015a）や子どもの行動や感情の問題

(Huber et al., 2015b）の改善が報告されている。

　筆者は，COSが親に安心感を与えるために実践している工夫や，わかりやすい心理教育に魅力を感じ，アメリカで開発者から学び，日本で実践をしてきた。一方で，これを日本に広く紹介するには，地域で活動する支援者にとって，習得や実施のハードルが高いと感じていた。COS開発者も同様のニーズに応えて，マニュアル化された心理教育と親子の映像資料を用いて全8回で実施可能なCOSPプログラム（Cooper et al., 2009）を作成したことから，筆者らはその日本語版「安心感の輪」子育てプログラム（北川他，2013）を作成した。4日間の研修を受けることで本プログラムの実施資格を得ることができ，2024年末現在，日本に684名のファシリテーターが誕生し，社会的養護を含む幅広い実践現場でさまざまな対象者に活用されている。

　ここまで紹介したどのプログラムも，それぞれのウェブサイトに最新の効果研究知見や研修機会を含む詳細な情報を発信しているので，関心に応じて検索し参照してほしい。

子どもの欲求がわかるようになる

　ここからは，「安心感の輪」子育てプログラムの内容の一部を架空のエピソードとともに紹介する。

　「安心感の輪」子育てプログラム全8回のうち，前半の4回は，子どもの欲求がわかるようになること，子どもの欲求に応えられるようになることを目指す。COSの名前の由来である「安心感の輪（Circle of Security）」の図（図10-1）を手がかりとして活用する。こ

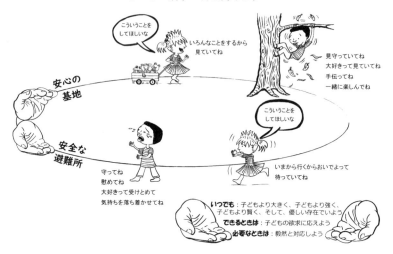

図10-1 安心感の輪（北川・安藤・久保・岩本訳，2021　Cos Internationalより許可を得て転載）

の図には，養育者のもとから輪を描くように，子どもが探索に出る動き（輪の上半分）とアタッチメントを満たすために養育者に戻る動き（輪の下半分）が描かれている。これを用いて，子どもの状態は輪の上半分（大丈夫な状態）か，下半分（大丈夫ではない状態）かを見定め，大丈夫なら探索をサポートし，大丈夫でないなら慰めを与えよう，という考え方を伝える。

　ファシリテーターは，プログラムの映像資料を呈示しながら，養育者それぞれの経験や気づきなどを尋ねて内省を促す。また，毎回のセッションの冒頭では，子どもの「安心感の輪」に沿った動きに気づいた具体例などを話す時間をとる。

エピソード 10-1

　ある母親は，2歳の子どものかんしゃくに手を焼いていた。気に入らないことがあると大声で泣いて地団太を踏む子どもをどうしつけようかと困っていた。プログラムを受けて，そういうときの子どもの状態を考えてみると，安心感の輪の下半分にいる「大丈夫ではない状態」だと思えた。すると，子どもは自分でもどうしようもない気持ちを整える手助けを求めているのだろうか，と半信半疑でセッションを終えた。

　その後，また子どもがかんしゃくを起こした。そこで，いつものように叱りつけるのではなく，「いやなんだね」と声をかけてみた。すると子どもはうなずいて落ち着きを取り戻した。その後すぐに眠った子どもを見て，母親は「子どもは疲れていたのかな。疲れてどうしようもない気持ちだったのかな」と思えた。

　この経験を，次のセッションの冒頭に伝えると，ファシリテーターから，「お子さんは疲れてどうしようもないときに気持ちを受けとめてもらえてホッとしたことでしょうし，あなたにとってはいかがでしたか？」と聞かれた。「叱りつけていたときはいつも後味が悪かったけど，今回は私も何だかホッとした」と答えた。グループに一緒に参加している他の母親が，何度もうなずいて聞いてくれたことも嬉しく感じた。

　COSP前半は「子どもの欲求がわかるようになること」を目指す。たとえば，かんしゃくを起こす子どもについて，「この子はいつもわがままな子」と特性のように捉えると，そのときにかんしゃくを

起こすにいたった子どもの気持ちに思いを馳せることが難しい。また，「かんしゃくを起こして私を困らせようとしている」といったように，子どもに悪意があるかのように歪んで受けとめると，子どもが真に求めている欲求（かんしゃくを起こしたくなるほどの，どうしようもない気持ちを親に助けてほしい）に気づけなくなる。COSPでは，子どもの行動の背後にある欲求を親が理解しやすくなるために，「安心感の輪」の図という視点を共有する。図を手がかりに順に子どもの欲求を推測していく。まず子どもの行動を観察する。次に，その行動状態にある子どもは，輪の上半分にいる（大丈夫な状態）か，下半分にいる（大丈夫でない状態）かを見定める。泣いて地団太を踏んでいるのなら，輪の下半分にいることがわかる。すると，輪の下半分にいる子どもがもっている欲求（図10-1）のうち，どれがあてはまるかを考えてみる。たとえば，エピソードの母親が推測したように「気持ちを落ち着かせてね」という欲求が考えられる。その仮説に沿って応答してみると，子どもはそれが欲求にマッチしていた場合に落ち着きを取り戻すなど，プラスのフィードバックをしてくれることが多い。

　また，COSPでは，参加者の日常場面での様子や経験を具体的に尋ね，参加者の実際問題にCOSPの視点を活かしていけるよう橋渡しをする。その際，子どもの気持ちに加えて，親自身の気持ちにも積極的な関心を向け，親の気持ちに寄り添う。グループでプログラムを行っている場合は，他の参加者からの反応が支えになることや，他の人が語る内容に影響を受けて気づきが進むこともある。

養育者の落ち着かない気持ちを支える

　プログラム後半の4回は，アタッチメント不安定型の各パターンと，その要因となる養育者の応答性の問題に目を向けて，それを乗り越えることを支援する。アタッチメント不安定型は，アタッチメント欲求を養育者から拒絶されたり，一貫した応答を得られなかったりする経験を重ねた子どもが防衛的な方略を身につけるようになったものである。アタッチメント信号を最小化したり（平気なふりをして慰めを求めない回避型），最大化したり（不安がおさまらず探索に戻れないアンビバレント型）するパターンがある。さらに，虐待などにより安全と安心の源であるはずの養育者が恐怖の源になる場合は，子どもはアタッチメント方略を組織化することができずに混乱に陥るアタッチメント無秩序・無方向型になる。このようなアタッチメントの問題を抱えた子どもが成長して養育者になると，わが子からのアタッチメント信号に対して防衛的になったり混乱したりして，敏感に応答することが難しくなる（「アタッチメントの伝達モデル」）。

　「安心感の輪」子育てプログラムでは，こうしたメカニズムについて，養育者が受け入れやすいように伝える。具体的には，養育者を決して責めることなく，誰にでも得意なことと苦手なことがあると一般化しながら，自身の苦手なことへの気づきを促す。防衛という概念については，「シャーク・ミュージック」という比喩を用いる。静かな海岸の映像を，リラックスできるBGMが挿入された状態で見る場合と，危機迫る印象を与える映画『ジョーズ』のテーマ音楽シャーク・ミュージックが挿入された状態で見る場合とで感じ方に違いがあることをセッションで共有する。そして，実際に危険ではないのに危険だと感じることは誰にでもあり，そう感じると誰

でも余裕がなくなることを説明する。子どもとの関係でシャーク・ミュージックが聞こえることがあるか，どこで聞こえるかに自覚的になり，気づくことができたら一息ついて自分の気持ちを落ち着かせ，それから子どもに寄り添う関わりをするという選択肢があることを伝える。

エピソード 10-2

　セッションでシャーク・ミュージックについての経験を話し合ったとき，「子どもが自分から離れて探索に出ると心配でたまらなくなる」と話す参加者もいれば，「子どもが泣いてしがみついてくるとイライラして，つい，『これくらい大丈夫』と言ってしまう」と話す参加者もいた。

　ある母親は，子どもが大丈夫でないときのほうが苦手だが，イライラという感覚とは違うと感じていた。言葉にならない落ち着かない気持ちをシャーク・ミュージックと呼んで，いつ聞こえるのかを考えてみた。そして，子どもが泣くと，途方にくれて立ち尽くしてしまうとファシリテーターに伝えた。ファシリテーターに「どうなることを恐れて立ち尽くすのでしょうね？」と聞かれて，自分では慰めることができないという不安に圧倒されることに気づいた。ファシリテーターは，「子どもが泣いて，この状況を自分ではどうしようもできない，自分には慰めることなんてできないと感じるとしたら，途方にくれて立ち尽くしたくなりますね」と受けとめた。そのうえで「そのとき，お子さんはどんな思いでいるでしょうね」とファシリテーターは尋ねた。小さな子どもが不安で泣きながら，誰にも頼ることができず独りぼっちでいる姿が脳裏に浮かんだ母親は，「私が手を引っ込めたら，子どもは独りぼっちで，どうしようもな

い思いかも……」と答えた。ファシリテーターは,「お子さんのことがそのように見えたら,違った対応につながるかもしれませんね。またどんな経験でもお聞かせください」と母親に伝えた。

　セッションの数日後,子どもが熱を出した。処方された薬を飲まないといけないが,子どもが泣いていやがった。母親は立ち尽くしながら,今自分にシャーク・ミュージックが鳴っていると気づくことができた。目を閉じて大きく深呼吸し,目を開けると,熱で真っ赤な顔をした子どもが涙をぼろぼろと流している。勇気を出して子どもを抱きしめた。「つらいね。しんどいね」と声をかけると,しだいに子どもの泣きが弱まっていくことを感じた。「お薬飲んで元気になろうね」と言うと,泣きやんだ子どもは薬を飲むこともできた。

　子どもに敏感に応答しにくい養育者には背景があり,とくにアタッチメント来歴に基づく恐れが喚起される場合には,恐れを自覚することも乗り越えることも簡単ではない。「安心感の輪」子育てプログラムでは,名づけることが難しい恐れの感情を仮にシャーク・ミュージックと呼ぶことで,いつ鳴るかに気づく手がかりを与える。親子関係支援は,過去を掘り下げるセラピーではない。今これからの子どもとの関係をよりよくしたいという親の前向きな動機と,欲求に応えてもらった子どもが示すプラスのフィードバックが変化を支えてくれる。エピソードの母親にとっても,今回の挑戦と子どもの反応は大きな手応えになったと思えるが,今後いつでも敏感に応答できるわけではなく,いつものパターンを繰り返しながら,少しずつ恐れを乗り越えていけるのだろう。

筆者たちが行った効果研究からは、「安心感の輪」子育てプログラム全8回を終えた直後は、子どもについての育児ストレスが低下していた。つまり、子どもの機嫌の悪さやつきまといなどを、親がストレスに感じることが減っていた。その後、COSで行うビデオ振り返りセッションを追加して実施し、すべての介入を終えた半年後に、子どものアタッチメントの改善を確認することができた。養育者にとってプログラムで学んだ関わりが長期間持続し、それが繰り返されることを通して、子どもも養育者とのあいだでいったん身につけた防衛方略を使うことなく、率直にアタッチメント欲求を出せるようになったと考えられる（Kitagawa et al., 2022）。

日常や実践への応用

　プログラムそのものを実施しない場合でも、プログラムの考え方を一般的な養育者支援に応用することは可能である。とくに、COSが親に安心を与えるために行っている具体的な工夫として、親の望ましい関わりを見出してそれを強調することを支援の入り口にするアプローチは取り入れやすいだろう。支援者は子どもの視点に立って、不適切な関わりをする養育者を責めたくなることがあるが、子どもが安心感を得て初めて探索できるように、養育者が変わるためにも安心感が不可欠である。どの養育者にも子どもに最善を尽くしたいという前向きな気持ちがあり、それがうまくいかないことには背景があるというまなざしを支援者が向けることは、安心感をもたらすだろう。そのうえで、すでにできているよいところ（養育者の強み）を見つけ出し、それを積極的に養育者に伝えることができると、養育者は自信をもってその関わりを増やし、それだけで前向き

な変化がもたらされることも多い。

　アタッチメントの問題が深刻な場合は，支援者が働きかけてもすぐには手応えを得にくいだろう。支援者は焦りやいらだち，無力感などを抱くかもしれない。防衛は必要があって築かれたものである。課題は他者に指摘されるのではなく，支援者を安全で安心だと感じられる関係性のなかで，自分で気づくことが望ましい。アタッチメントのテーマを扱う際には，支援者自身のアタッチメントも活性化されて気持ちが揺れることも多い。支援者が，アタッチメント理論やそれに基づく支援を学ぶことが関わりへの指針になるだろうし，さらにスーパービジョンや同僚などとの関係性に支えられることで，自身の気持ちの揺れを内省できるだろう。そうすることが，養育者が課題や防衛に向き合っていくことを安全に支える支援につながる。支援者も，養育者も，子どもも，人はみな，安心できるときに最も力を発揮できる。

コラム ②

子どもを必要以上に叱ってしまう親
虐待の未然防止を考える

　親は誰でも，子どもとの関係で，幸せや喜びを感じたり，心配したり迷ったりすることだろう。子どもを思う気持ちが大きいからこそ，体験する感情も大きい。ときには，子どもに対して感情的に叱ってしまった後，子どもの寝顔を見て，先ほどのみずからの行動を反省したくなることがあるかもしれない。そうしたときのヒントになるような視点について，ここでは述べてみたい。

　子どもを思わず叱ってしまうのはどのようなときだろうか。子ども側の状態としては，駄々をこねて聞き分けがないとき，反抗的な態度をとるようなときなどがあげられるだろう。そうしたとき，子どもはどういう状態だろうか。おそらく，子ども自身も，追いつめられていたり，困ったりしている状態だろう。大人の側はどうだろうか。自分に余裕がないとき，時間がないとき，周囲の目などのプレッシャーを感じるときなどに，思わず子どもを強く叱ってしまうという声をよく聞く。これらも，大人側が切羽詰まっている状態である。

　つまり，感情的にぶつかってしまいやすいときというのは，子どもも大人も困っていて，SOSを求めている状態である。そうした状況を理解するうえで，アタッチメント理論が役に立つと考えられる。

■アタッチメントと探索

　親子の「愛着（アタッチメント）」という言葉は，ときに，「愛情」と同じような意味で用いられることがあるが，必ずしも同義ではない。アタッチメントは危機的場面で高まる欲求であり，一人では対処できない危険や恐れに際して，特定の他者との近接を求め，二者関係を通して安全と安心を得ようとする本能的な欲求である。生涯にわたる欲求であるために，大人も，動揺したり不安になったりすると，頼れる誰かに助けを求めたくなるだろう。小さい子どもは，自分で対処できる能力が限られているため，毎日頻繁にアタ

ッチメント欲求が高まる。乳児にとっては，たとえば空腹もみずから調整できず，待ったなしの緊急事態となる。頻繁な泣きに応えるため，多くの親は十分に眠れない期間を過ごすだろう。乳児がもう少し大きくなると，不安なときに抱っこを求めたり，親の後を追ったりと，積極的に接近して慰めを求めるアタッチメント行動をとるようになる。

一方で，子どもはいつまでも親にしがみついているわけではない。落ち着きを取り戻したら，遊んだり学習したり，周囲のものごとに関心を向ける「探索」行動をとるようになる。アタッチメントと探索は，シーソーのような関係で，不安なときはアタッチメント欲求を満たすことが最優先となって探索行動どころではない。十分な安心感が得られると，アタッチメントより探索が優位になる。どちらも子どもの発達にとって重要である。アタッチメントが満たされることで，探索が可能になるだけでなく，情緒の安定，基本的信頼感や自尊感情，関係性への肯定的な見通しなど，望ましい社会情緒的発達やこころの健康が育まれる。

また，探索行動は成長に必要なさまざまな経験をできる機会である。子どもにとって信頼できる大人との関係は「安心の基地」であり，そこで蓄えた安心感をもって外界を探索する。探索に疲れたり，不安になったりすると，そこに戻れば守ってもらえるという期待をもって「安全な避難所」である大人のところに帰ってくる。そしてまた落ち着きを取り戻すと，探索に出る。

アタッチメントと探索は，こうした循環として捉えることもできるとパウエルら（Powell et al., 2014）は述べており，「安心感の輪」と呼んでいる。パウエルらが開発した親子関係支援プログラム（日本語版として「安心感の輪」子育てプログラムが作成されている。その概説は北川，2015を参照してほしい）においては，子どもがアタッチメント欲求充足を求めて養育者のところに戻ってくることを，"「感情のコップ」を満たしに来る"などと，わかりやすい比喩で説明している。スマートフォンの充電というイメージもわかりやすいかもしれない。

子どもにとっては，親だけでなく，先生もアタッチメント対象である。何らかの理由によって，家庭でアタッチメント欲求が十分に満たされていないと，たとえば幼稚園では先生にしがみついたり，小学校では先生の関心をひ

いたりしてアタッチメント欲求を満たそうとし，活動への参加や勉強といった探索どころでない状態になる。子どもにとっては，「感情のコップ」を満たすことが最優先だからである。先生にとっては，集団全体への責任もあるなかで，個別の子どものニーズに応えることは簡単ではないかもしれない。園や学校のチーム力をもって体制を整えるなどしながら，対応することが必要である。とくに，子どもは成長につれてアタッチメント欲求の出し方が，乳幼児のようなわかりやすい行動（泣き，後追いなど）ではなく，大人の手助けや関わりを求める気持ちを行動上の問題で表すなど，大人にわかりにくいことが増えてくる。そういうときは，専門家を園や学校チームに加えるなど，学外の資源も活用することが，よりよい援助につながるだろう。

■安全と安心を与えるために必要な関わり方

それでは，大人がどのように関わると，子どもに安全と安心を与えるのだろうか。「安心感の輪」子育てプログラムの考え方を紹介する。

まずは，子どもを観察してほしい。子どもが，大丈夫な状態（探索中の状態）か，大丈夫でない状態（アタッチメント欲求が高まっている状態）かを考えてみてほしい。「感情のコップはどれくらい満ちているか」「充電はどれくらいできているか」といった捉え方でもいい。アタッチメントの充足が不十分な様子であれば，それを満たす関わりが必要である。

どうすれば満たすことができるだろうか。アタッチメントについて多い誤解の一つに，スキンシップの重要性が強調されすぎることがある。アタッチメントの目的は恐れの調整である。小さい子どもにとっては，抱っこなどのスキンシップは有効な方法の一つである。しかしながら，黙って抱っこする大人はほとんどおらず，「怖かったね」「悲しかったね」などと，子どもの気持ちに寄り添った言葉をかけているのではないだろうか。気持ちに寄り添った言葉をかけることは，どんな年代に対しても安心感を与える最も重要な関わりである。

それでは，子どもの欲求はすべて満たす必要があるのだろうか。本コラムでも「安全」と「安心」という言葉を用いているが，「安全」とは物理的に危険ではない状態であり，「安心」とは気持ちが落ち着いた状態である。子

どもの「安全」を守ることも大人の大切な役割であり、「必要なときは毅然とした対応をとること」が安全を守るために必要である。ただし、それは単に厳しいこととは違う。成長途中の子どもが間違えることや社会的に望ましくない振る舞いをするのは当然のことで、大人は、子どもの気持ちに寄り添う言葉をかけて落ち着かせると同時に、必要な枠組みを毅然と明確に伝えていく、その両方が必要である。たとえば、危険な行動や乱暴な行動は毅然と制止し、かつ、そのような態度で表現しようとしていた気持ちに関心を向けて言葉をかけるというような関わりである。大人が怒って感情的になると、子どもは、怒られる恐怖から身を守ることが優先になり、大人が本当に伝えたいことを聞き入れるどころではなくなる。安心できる状態でないと、学習は進まない。

■大人にも安心感が必要

　上記のような関わりをするためには、大人に余裕がいる。思わず叱りたくなる状態の子どもを前に、行動の背後にあるアタッチメント欲求に気づきながら、毅然とした態度と、気持ちに寄り添う態度を両立する関わりを工夫できるようになるためには、大人の感情が落ち着いている必要がある。そのため、自分が感情的になっていることに気づいたら、まずは、自分の感情のコップを満たすことを考えてほしい。たとえば、飛行機に乗る場合でも酸素マスクは大人がまず装着してから子どもに着けるよう説明がある。子どもを守り保護する役割を発揮するための余裕をどのように回復できるかを考えたい。

　まず、自分でできる工夫として、「感情的になっていることに気づき、一息つく」ということがあげられる。感情的な言動を子どもにぶつけてしまう前に、たとえばトイレに行く、鏡を見る、外の空気を吸うなど、その場を少し離れることができるだろうか。大人を怒らせた罰として、大人が子どもの前から姿を消すのではない。一息ついて、子どもの怒らせるような行動は、子ども自身が追い詰められていたり困っていたりする状態を、そのようにしか表せないでいること、本当は気持ちを落ち着かせる手助けを求めていることに気づきなおすことができたら、子どものもとに戻り、安全と安心を与えるための関わりをしてほしい。

もう一つ，大切なことは，大人にも「安心の基地」が必要ということである。子どもの世話は物理的な負担も大きく，ときには誰かに子どもを任せて，ゆっくりと寝たり，自分のための時間をもったりすることが，その後子どもに関わるための充電になる。親にとって，子どもを思う気持ちが大きいからこそ，子どものことでは迷ったり悩んだりする。そういうときに，迷いや悩みを受けとめ，寄り添い，共に考えてくれる関係があると，親は支えられる。配偶者，祖父母，友人は，「安心の基地」の役割を果たしているだろうか。難しい場合には，地域の支援者を頼ってほしい。

　筆者は，「安心感の輪」子育てプログラムを，乳幼児や児童を育てている親たちと，グループ形式で，長年行ってきた。「子どもを叱りすぎてしまう」「上の子を叱りすぎて，それを見ている下の子への影響が心配」「子どもと対等にケンカしてしまう」といった悩みをもってこられる人も多い。ここで述べたような視点を共有しながら，少しずつ，子どものアタッチメント欲求が見えてくるようになり，それに応える関わりをすることができるようになってくる。親にとって簡単なことではないが，子どもは自分が本当に求めている関わりを親がしてくれると，かんしゃくがおさまるなど，気持ちが落ち着くことが多い。それが親にとって手応えになる。参加した親は，「子育てで悩んでいるのは自分だけではないことがわかって安心した」「子どもを変えることは難しいけれど，自分の行動を変えることはできる。それで関係が変わった」「自分にとっても，ホッとする場だった」といった感想を伝えてくれている。親が，安心しながら，これまでと違う関わり方を見つけ出したと考えられる。

　園や学校においては，先生に期待される役割が増えて，余裕をもちにくい時代だからこそ，組織内の支え合いや，組織外の資源を活用しながら，「感情のコップ」が満ちた状態で，子どもたちや，その家族を支えてほしいと願っている。

第11章

アタッチメント理論と心理療法

　精神分析を創始したフロイトは，大人の患者の神経症の背景には本人が覚えていないような子ども時代の苦痛な経験があり，苦痛から自分を守るために無自覚的に働く防衛機制が長期化・固定化することなどが症状につながり得ると考えた。児童精神科医であったボウルビィは，精神分析の訓練を受け，精神分析理論の深い理解に立ちながら，より科学的に，より環境要因を重視して理論を発展させようとした。とくに，精神分析がこころのなかの世界を重視し，大人への精神分析治療をもとに回顧的に理論を構築したことに対して，戦災孤児の追跡調査などを担ったボウルビィは，外界の現実経験に着目し，子ども時代の経験からその後の発達を追跡研究することで，人格発達についての理解が補完的に進むと考えた (Holmes, 1993)。そして実際に，ボウルビィが提唱したアタッチメント理論は，発達心理学領域における長期縦断研究などによって実証知見が蓄積されてきた。本章では，これらの知見が，心理療法にどのような視点をもたらすかについて述べる。

アタッチメントの個人差と防衛

　ボウルビィは臨床経験や戦災孤児の追跡調査を通して，子どもにとって養育者との情緒的絆が重要であることに気づいた。絆の重要性を説明するために進化論や比較行動学などを取り入れ，子どもが危機的場面で恐れを抱いたときに養育者との近接を求めるアタッチメント欲求は，強くて大きな養育者に近づくことで，保護や慰めを得て生存の確率を高めようとする本能的欲求であると考えた。

　とりわけ危機への対処能力をほとんどもたない乳児にとって，アタッチメント欲求は切実かつ頻繁に高まるため，養育者の応答性に応じて最も効果的に近接する方法を学習するようになる。それがアタッチメントの個人差である。

　アタッチメントの実証研究は，測定法の開発とともに進展してきた。乳児期のアタッチメントの個人差は，養育者との分離・再会場面で子どもが養育者に示すアタッチメント行動を評価するストレンジ・シチュエーション法により分類できる（Ainsworth, 1978；Main & Solomon, 1990；梅村，2017）。養育者との分離に苦痛を示し，再会した養育者に泣いたりしがみついたりといったアタッチメント行動を向け，養育者からの保護や慰めを得ると落ち着くことができる状態が，安定したアタッチメントである。養育者にアタッチメント行動を向けない回避型は，アタッチメント信号を出すと養育者から拒絶される経験を繰り返したために，アタッチメント信号を出さないことで養育者との近接を保とうとする方略を防衛的に形成したと考えられる。養育者にくっつきながら，怒りや抵抗が静まりにくいアンビバレント型は，養育者の応答性に一貫性がないという経験を重ねたために，アタッチメント信号を強く表出する方略を形成したと

考えられる。そして，養育者を前にフリーズや著しい混乱に陥る無秩序・無方向型の背景には，養育者からの虐待や養育者自身のトラウマ未解決などにより，安全と安心の源であるはずの養育者が恐怖の源にもなるという解決不能のジレンマ経験があると考えられている（表2-1も参照してほしい）。

発達早期のアタッチメント経験は内在化され，内的ワーキングモデルとなってその後のアタッチメント場面での行動を導くために，アタッチメント・パターンは持続しやすく長期的影響をもちやすいといわれている。一方で，養育環境の変化や新たな他者との相互作用などによってアタッチメントの質が変化する可能性も示されている。

成人アタッチメント面接

SSPは，乳児が目の前にいる養育者に向けるアタッチメント行動の特徴を評価・分類する測定法であった。一方，成人アタッチメント面接（AAI）は，幼いころの養育者との関係などについてのインタビューに答える成人が，アタッチメントに関する記憶や感情にどのようにアクセスし得る「こころの状態」であるかを，「語り方」の特徴に注目して評価・分類する手法である。

アタッチメントに関する思い出の肯定的・否定的側面いずれについても首尾一貫性高く語ることができるこころの状態は「安定自律型」である。理想化（養育者との関係を肯定的に総括するものの，具体的な思い出は忘れたと主張するなど）などの語り方は「アタッチメント軽視型」の特徴であり，苦痛なアタッチメント経験へのアクセスを回避しようとする防衛方略が優勢であると考えられる。とらわれ

た怒り（大げさに延々と聞き手の同意を得ようとする語り方など）は「とらわれ型」の特徴であり，否定的なアタッチメント経験に過度に注意を向けているこころの状態である。喪失や虐待体験について語る際にひどく混乱した語り方をすることは「未解決型」の特徴である（表6-1も参照してほしい）。順に，乳児の安定型，回避型，アンビバレント型，無秩序・無方向型との対応が想定されている（Hesse, 1999；上野・北川，2017）。

　成人が過去の関係を振り返る語りの特徴からアタッチメントを評価する手法が考案されたことは，研究と臨床を橋渡すことにもなった。筆者は1999年にアメリカで開催されたAAIの研修に参加し，信頼性テストを経て分類資格を得た。研究手法を習得するために学んだ「語り方」の特徴は，臨床場面でのクライエント理解にも役立つと感じた。理想化もとらわれた怒りも，臨床場面で思いあたる事例が多く，これらを苦痛なアタッチメント経験に基づく防衛という視点で捉え，そうした防衛を必要とする背景に関心を向けることは，クライエントの理解と支援に活かせると思われる。

　また，AAIを用いた研究からは，幼少期のアタッチメント経験は否定的なものであっても，防衛的にならずに一貫性高く語ることができ，安定自律型に分類される成人がいること（獲得安定型），そうした前向きな変化は養育者以外からの情緒的サポートやセラピーを受けた経験と関連することが報告されている（Saunders et al., 2011）。子どもにとって養育者の応答性が重要であることと同様に，クライエントにとっては支援者の応答性，つまり，クライエントの防衛や混乱の背後にあるアタッチメント欲求を支援者が捉えて応答できることが重要と考えられる。

アタッチメントと心理療法についての研究知見

　心理療法にアタッチメント理論を活かすことができるかを検証する研究の流れとして，まず，「クライエントのアタッチメントの質がセラピーの経過や結果に影響するか」という問いへの検証が複数行われた。それらを概観すると，クライエントのアタッチメントが不安定な場合は治療関係の形成が難しいこと，また（治療関係が不安定であることや病理の重さの影響も受けながら）治療効果も上がりにくいことが示された。ただし，クライエントにはそもそもアタッチメント不安定型が多いため，治療関係を築きにくいクライエントに支援者が適切に対応できることが重要である（Slade, 2016）。

　クライエントのアタッチメント・パターンが，個人心理療法のなかでどのように表れるかをくわしく検証した報告がある。56人のクライエントを対象に，治療前にAAIを行った。次に，セッションでのクライエントの語りから，支援者との情緒的近接性を引き出し維持する様子を，アタッチメント分類結果を知らない4人の研究者が評価した。その結果，情緒的近接を避ける特徴（「わからない」と話を深めなかったり，否定的な経験を少し話してもすぐに打ち消したりするなど）は，アタッチメント軽視型のクライエントに多くみられた。支援者に苦痛を訴えて助けを求める特徴は，安定自律型もとらわれ型も同様に認められたが，とらわれ型は支援者からの手助けに抵抗を示すことも特徴であった（自分の見解が正しいことを支援者に説得しようとするなど）(Talia et al., 2014）。

　クライエントに応答できる程度に支援者のアタッチメントの質が関わることを見出した研究もある。統合失調症や双極性障害などの精神病理を抱えるクライエントを6ヵ月以上担当したケースマネー

ジャー 18 人を対象に，アタッチメントの質と介入のありようを評価し関連を検討した。その結果，不安定なアタッチメントのケースマネージャーはクライエントのアタッチメント方略を強化するような対応（回避方略のクライエントには浅い介入をするなど）をしていたのに対して，安定したアタッチメントのケースマネージャーは，クライエントの防衛方略の背後にあるアタッチメント欲求に応えていた（Dozier et al., 1994）。

　心理療法の経過とアタッチメントとの関連を検討した研究からは，治療関係を育む初期段階はクライエントの防衛方略に合わせた対応をすること，治療関係が確立されてからは防衛を乗り越えるような働きかけをすること（回避型のクライエントと情緒的なつながりを目指す，とらわれ型のクライエントと経験を意味づける語りを構築し強い感情を整えることを目指すなど）が効果的であると報告されている。支援者のアタッチメントが安定していること，および支援者が専門家としての経験を重ねることが，そのような対応をする力になりやすいことも示されている（Slade, 2016）。

日常や実践への応用

　精神分析理論とアタッチメント理論に精通した工藤は，養育者によるケアの本質を支援の場にどう持ち込むことができるかを論じている（工藤，2020）。子どもの泣きをシグナルだと受けとめて応答することが養育者の敏感性である。支援者は，被支援者の行動（多くは行動問題）の根底にはアタッチメントのニードがあると理解し，そこにケアを届けることが求められる。わかりにくいシグナルに気づき，防衛方略の背後にあるこころの痛みを理解し応答することは

簡単ではなく，専門家としてアタッチメントについての理解と訓練が必要となる。

その実例として，工藤があげているエピソードが参考になると思うので紹介したい。概要を述べるので，くわしくは工藤（2020）を参照してほしい。

エピソード 11-1

工藤が関わっている NPO 法人は，刑務所や少年院を出た後で行き場のない人たちに生活の場を提供するなどの支援を行っている。ある日，新しく入所した少年を工藤は紹介された。がっしりした体つきの少年はじっと工藤の目を見て「先生俺とケンカします？」と言ってきた。彼の目は笑っておらず，緊張感を帯びていた。工藤は「しないよ。君とケンカして勝てるわけがないでしょ」と答えた。少年は納得したように，その後ひとしきり自分の武勇伝を誇らしげに話した。（工藤，2020 より要約して引用）

工藤は，「ケンカします？」という問いを次のように受けとめた。まず，少年にとって，来たばかりの施設や見知らぬ工藤は危険のサインであり，アタッチメントが活性化されている。その際に挑発的な言葉を発したのは，危機の強さの表れであると同時に，暴力的に他者を威圧することで安心感を得ようとする防衛的なアタッチメント方略の表れである。工藤は少年がそのような防衛を必要とする暴力的な来歴に思いを馳せながら，少年の恐怖に応える必要があると考えた。「君とケンカして勝てるわけがないでしょ」という応答には，勝とうとしないことで彼の防衛方略を刺激しないこと，負けを

第11章 アタッチメント理論と心理療法

認めることに何の関心も示さないことで暴力や支配がコミュニケーションの手段ではないと伝えること，そのようにして挑発の向こうに潜む恐れを和らげること，といったコミュニケーションが含まれていたと工藤は振り返っている。

このエピソードを紹介することで最も伝えたいのは，支援者は，困惑させられるような行動の背後にアタッチメント欲求があることを捉え，表面的な行動ではなく中心にある恐れに応えることが重要だということである。その際の具体的な応答の仕方や返す言葉の内容は，それぞれの支援者らしいやり方があるだろう。

本章で述べてきたことをたどりなおすために，以下に架空のエピソードを提示する。

エピソード (11-2)

精神科クリニックで働く心理職は，医師の依頼を受けて成人女性との初回面接をした。「困っているのは眠れないことだけ，理由として思いあたることはない。主治医に睡眠導入剤をもらえたらそれでいいのに，カウンセリングを勧められた」などと心理面接とは距離を置く態度であった。初回面接なので成育史を尋ねると，「あまり覚えていない」と言いながら，「父親は普通。母親は優しくて大好きだった」と語った。AAIにおけるアタッチメント軽視型に特徴的な，アタッチメントに関わる具体的な記憶や感情に近づかない方略が優勢な状態であると思えた。それでも支援の場にみずから足を運んできたということは，潜在的には助けを求めているのであり，困ったときに他者の助けを期待できるようなアタッチメント経験もあるのだろうと心理職は考えた。まずは，眠れないという本人の困りごとに焦点をあてて話を聞き，女性についての理解を進めた。

面接が進むと，女性は体重のコントロールにもエネルギーを注いでおり，強迫的にその日の食事と運動とを振り返り確認していることがわかった。何かから意識をそらし，注意を体重コントロールに向けているように思えた。意識をそらさざるを得ない「何か」は脅威なのだろうと心理職は感じた。一方で，女性にはパートナーがいて，女性の健康を気にかけており，受診を勧めたのもそのパートナーであったことがわかった。そのようなパートナーがいる現実や，そうした関係をもてることは女性の強みだと思えた。

　ある日，女性は初めて面接の場で泣いた。食べすぎてしまったという。これまでの努力が台なしだと泣いた。心理職は，たった1回，少し食べすぎただけで，これほど泣いて動揺することに驚きながら，女性がずっと守り続けてきた体重のコントロールが緩んだこと，それと同時に感情に近づかないためのブロックも少し崩れたことに注目した。女性は，面接はまったく意味がなかったと心理職を強く責めた。心理職は理不尽な怒りを向けられたように感じつつ，女性がふれないようにしてきた感情には，絶望や理不尽な怒りがあったのだろうと思いを馳せた。そうした感情に近づけるだけの安心感を，現在の関係性（心理職やパートナー）のなかで抱けるようになったというプラスの見立てをもちながら，それまで必死に意識をそらせてきた感情を感じている女性の怯えを受けとめて，心理職は女性に寄り添った。

　やがて女性は，パートナーが自分を気にかけてくれることと比較して，親たちはそうではなかったと親を批判的に捉えなおすようになった。そのたびに強い感情が高まり，圧倒されそうになるのだが，心理職との面接を通して経験を意味づけ，気持ちを落ち着かせた。また，パートナーの気遣いを嬉しく思うと同時に，いつかは拒絶さ

れるのではないかという不安をずっと抱いていたこと，今はその不安が減ってきたことを言葉にすることもできた。

　幼少期に養育者から応答された実際の経験に基づいて，アタッチメントの個人差が形成される。心理療法では過去に戻って過去の経験を変えることはできないが，今ここで安全と安心を実現する関わりをすることができる。相手に関心を向け，行動の背後にある感情や防衛のありよう，その背景となる来歴などに思いを馳せながら支援者は関わりを工夫する。そうした関係性のなかでこそ，クライエントは過去の経験や自分の感情を振り返る内省（探索）が可能になり，経験を意味づけて整理することができる。恐れを敏感に受けとめてもらい応答される経験を重ねることで，過去の環境では自分を守るために必要だった防衛から安全に抜け出すことができ，アタッチメント欲求やアタッチメント関係を大切に思う気持ちをクライエントが自然に感じることができるようになる。そうした変化は，日常生活のなかで安定したアタッチメント関係を構築することにプラスに作用する。心理療法はそのような役割を果たすのだろう。

第12章

アタッチメントと文化

　ボウルビィは，比較行動学や進化生物学などにも依拠し，危機的状況で頼れる他者に近接して安全・安心を得ようとするアタッチメント欲求は，生存確率を高めるための本能的欲求であると考えた。エインズワースはアフリカのウガンダで子どもと養育者の観察を精力的に行い，アタッチメントの発達過程および，養育者との相互作用経験によってアタッチメントの質に違いが生まれることを見出した。母親との関係で安全・安心を得てきた乳児は，必要なときには母親からの保護や応答を得られると期待して，母親を「安心の基地」として探索に出ることができていた。アメリカのボルティモアにおいて同様の現象を確認しようとしたエインズワースは，アメリカの乳児は慣れた家庭で観察してもウガンダの乳児ほど明確なアタッチメント行動を示すことが少なかったことから，見知らぬ場所での養育者との短い分離というマイルドなストレス場面を設定して観察するストレンジ・シチュエーション法（SSP）を考案した（Ainsworth et al., 1978）。

　SSPは乳児のアタッチメントを測定する標準的な手法となり，主に欧米で多くの実証研究を促進した。数少ないながら非欧米圏での結果も報告されてくると，アタッチメントの各パターンに分類され

る比率が各国で異なることなどが発見され，アタッチメントの普遍性を問う議論が起こってきた。もとよりボウルビィは比較行動学や進化生物学に依拠し，エインズワースはアフリカとアメリカという異なる文化圏で観察研究を行って構築してきたアタッチメント理論なので，文化圏を超えて妥当な理論であるという主張が強い一方，文化に応じた表れ方を考慮する必要があるという主張もある（Mesman et al., 2018）。本章では，そうした議論を紹介し，日本文化におけるアタッチメントについて述べてみたい。

アタッチメントの普遍性と文化特異性

1988年，オランダの研究者は，8ヵ国で行われた2000件のSSPによるアタッチメントの分類結果についてメタ分析をし，アメリカでは安定型が約7割，回避型が約2割，アンビバレント型が約1割であるところ，自立を促すドイツでは回避型が多いこと，母親との分離や見知らぬ人との接点が少ない日本やイスラエルではアンビバレント型が多いことを報告した（van IJzendoorn & Kroonenberg, 1988）。アメリカの乳児にマイルドなストレスを喚起するために場面設定されたSSPという手法が文化によっては適切でないという議論も起こったが，アタッチメントの普遍性を検討するためには，アタッチメント理論が仮定するアタッチメントの発達過程（敏感な養育により安定したアタッチメントが形成されること，および安定したアタッチメントがその後の発達にプラスに働くこと）が異なる文化でも認められるかを検証すべきという主張がなされた（van IJzendoorn, 1990）。

　その後彼らは，アタッチメント理論が文化を超えて妥当かを検証するために，次の四つの仮説を検討することを提案した。数井・利

根川（2005）の訳出によると，①人類共通性仮説（The universality hypothesis），②安定型標準仮説（The normativity hypothesis），③敏感性仮説（The sensitivity hypothesis），④有能性仮説（The competence hypothesis）である。*Handbook of Attachment* 第3版おいてメスマンら（Mesman et al., 2016）は，欧米以外のアフリカやアジアでの研究知見から，これらの仮説がどこまで検証されているかを詳述しているので，以下にその概要を紹介する。

（1）人類共通性仮説

　すべての乳児は，アタッチメントを育む機会が与えられたなら，一人ないし複数の養育者にアタッチメントを形成するという仮定である。これは最も強く支持されている仮説である。複数の養育者ネットワークのなかで子どもが育つ文化圏においても，子どもの世話に責任をもって関わる特定の養育者を子どもは好み，ストレスフルなときにアタッチメント行動を向けていた。SSPによるアタッチメントの分類が可能であり，アタッチメントに個人差があることも文化を超えて認められた。

　たとえば，ケニヤのグシィ族は，母親が身体・健康面のケア，他の養育者が遊びや社会的交流などと明確な役割分担をしながら複数の養育者が子育てに関わっており，子どもは母親にも他の養育者にもアタッチメントを形成していた。マリ共和国のドゴン民族においては，きょうだいや母親以外の家族構成員も子どものケアに関わるものの，最も多くの時間を子どもの近くで過ごし，望むときに母乳を与える母親に，69％という高い割合で安定型アタッチメントを形成していた。

　アタッチメント行動の表出には文化の影響も報告されている。グ

シィ族の養育者は子どもを握手で迎え入れる習慣がある。そのためSSPで養育者に再会した乳児は,握手をしてもらおうと腕を差し出すアタッチメント行動をとっていた。標準化されたSSPでアタッチメントを評価する際は,その地域の文化的習慣を考慮する必要がある。

(2) 安定型標準仮説

生存や健康が本質的に脅かされる環境でない限り,大多数の乳児は安定型アタッチメントを形成するという仮説である。これも文化を超えて強く支持されている。

一方で,強いストレス下では安定型アタッチメントの比率が低くなる。メキシコの都会の中上流階級では乳児の77%が母親に安定型アタッチメントを示していた一方で,地方の貧しい家族では32%が安定型アタッチメントであった。また,チリで貧しく暮らす家族にSSPを行った研究では,半数の乳児が慢性的に低体重であり,安定型アタッチメントに分類された乳児は27%のみであった。ところが,栄養状態がよい半数の乳児だけでアタッチメント分類比率をみると,50%の乳児が安定型アタッチメントを示していた。子どもに十分食べさせることもできない経済的に緊迫した状況は親のストレスを高め,養育の質を損なうと考えられる。

(3) 敏感性仮説

安定したアタッチメントは,養育者から敏感に応答された経験によって形成されるという仮説である。敏感性仮説は,子どものアタッチメントと,先行する養育者の敏感性を評価する必要があるため,とくに非欧米圏ではあまり検証されていないのだが,検討されてい

る限りにおいては支持されている。

　敏感な応答性についても，子どものシグナルに応えるという機能を果たす具体的な行動様式には文化差がある。乳児が声をあげると，文化によって，抱いてなでたり，声をまねたり，笑いかけたりして応えている。乳児の苦痛を和らげる応答にもさまざまな様式があり，抱いて歩いたり，言葉をかけたりすることが多い文化もあれば，母乳を与えて慰めることが多い文化もある。

　（4）有能性仮説

　安定型アタッチメントが，さまざまな領域での子どもの望ましい発達を予測するという仮説である。縦断研究を行う必要があるため，これを検証している研究は極めて少ない。

　イスラエルのキブツで複数の養育者のもとで育つ子どもに対して行われた縦断研究の結果は，有能性仮説を支持している。幼稚園での適応のよさを予測したのは，乳児期の母親とのアタッチメントの質ではなく，キブツの保育者との安定したアタッチメントであった。これにより，母親，保育者それぞれとのアタッチメントが影響を及ぼす子どもの発達の側面が異なる可能性が示唆された。一方で，母親，父親，保育者とのアタッチメントを統合することで，幼稚園での適応を最もよく予測できた。ここからは，すべての養育者と安定したアタッチメントを形成できることが望ましいといえる。また，一人の養育者との不安定な関係性を他の養育者との安定した関係性が補えることも示された。幼児期以降の適応については母親とのアタッチメントの質が最も強く予測したことも報告されており，複数の養育者のネットワークのなかで育つ子どものアタッチメントとその後の発達についてはさらなる知見が必要である。

日本におけるアタッチメントの特徴

　上記した8ヵ国のSSPによるアタッチメント分類結果をメタ分析した研究には，1980年代に日本で行われた二つの研究が含まれていた。東京で行われた研究ではアタッチメント分類比率が欧米と類似していた一方，札幌で行われた研究では回避型は0％と少なく，アンビバレント型は31.7％と多かった。メタ分析から，日本に限らず他国においても，アタッチメント分類比率は国家間の差よりも国内の複数の研究のあいだでの差のほうが大きいことが示されており，複数の研究を重ねて文化の特徴を考察する必要があると論じられた（van IJzendoorn & Kroonenberg, 1988）。

　当時の札幌での研究結果から，アンビバレント型の多さが日本の乳児の特徴なのか，あるいは，SSPが日本の子どもにはストレスが強すぎて妥当ではないのかといった議論が起こった。SSPの実施においては，乳児にとってマイルドなストレスとなるよう，養育者との分離時間を適切に調整することが肝要であり，そうした手続き上の問題があった可能性も指摘されている（Mesman et al., 2016；Kondo-Ikemura et al., 2018；Umemura et al., 2022）。

　近年になって，SSPを適切に実施したうえで，また，1980年代にはなかった無秩序・無方向型を加えた4分類で，日本の一般家庭で育つ乳児のアタッチメントをSSPで分類した複数の研究から，安定型が多数派である（安定型標準仮説を支持する）一方，不安定型の場合は，回避型よりアンビバレント型のほうが多いことが報告されている。札幌の13ヵ月児（45人）は，安定型68.9％，回避型2.2％，アンビバレント型13.6％，無秩序・無方向型13.3％であり（Kondo-Ikemura et al., 2018），広島の1歳児（81人）は，安定型72.8％，回避

型3.7%，アンビバレント型13.6%，無秩序・無方向型9.9%であった（Umemura et al., 2022）。

　日本に加えて韓国などでも，アタッチメント不安定型においては回避型よりアンビバレント型のほうが多く，親子が近接して過ごすことが多い文化圏においては，子どもの自立を過度に促進して回避型になるより，過保護や過干渉によってアンビバレント型になることのほうが多いのではないかと考察されている（Jin et al., 2012）。

　一方で，日本の6歳児を対象にアタッチメントを分類した結果からは，回避型（22%）がアンビバレント型（9.8%）より多かったという報告（Behrens et al., 2007）もあり，日本では幼稚園が始まるころになると自立が促進される可能性などが考察されている（Kondo-Ikemura et al., 2018）。

　また，有能性仮説の検証として，乳児期のアタッチメントと外向性次元・内向性次元の問題行動との関連が検討されており，アンビバレント型は同時期に評価した外向性次元の問題が多いことが報告されている。さらに，SSPではなく，家庭での観察に基づいて安心基地行動を評価するアタッチメントQソート法（AQS）でアタッチメントを評価した場合，アタッチメントが不安定であることと外向性次元の問題との関連が認められ，同時期における関連だけではなく，6ヵ月後の外向性次元の問題も予測した（Umemura et al., 2022）。

　今後，日本でさらなる研究を蓄積することが，アタッチメント発達過程の普遍性と文化の特徴を検証するうえで重要である。

多様な敏感性のあり方

　エインズワースは敏感性について，「子どものシグナルに気づき，

早く適切に応答する」と定義しており，その具体的な行動様式を定義に含めていない。たとえば，母親の膝に座る赤ちゃんが顔を反対側に向けたとき，欧米の敏感な母親であれば，微笑み，マザリーズという高い声で，「あら，何を見ているの？　向こうの木が見えるの？」などと声をかけるだろうが，異なる文化圏であれば，言葉かけはほとんどせずに子どもが顔を向けた方向に座らせるなど，身体的に応答するかたちで敏感性が発揮されることもある（Mesman et al., 2018）。フィリピンの先住民族の父親と18ヵ月の子どもを自然観察した様子をメスマンが報告しているので，そのエピソードを紹介する。

エピソード 12-1

　フィリピンの先住民族の父親と18ヵ月の子どもが，縁側に座っている。父親は漁業の道具の手入れをし，子どもは隣で静かに過ごし，20分ほどは相互作用がほとんどなかった。ふと，子どもが声を出して父親に手を伸ばした。父親は仕事の手を止めて，住居のなかに入り，クラッカーの袋を取って戻り，声をかけずに子どもに袋を渡し，仕事を再開した。子どもは自分で袋を開けようとするがうまくいかず，父親に差し出した。父親は袋を子どもから受けとって，開けて，子どもに渡した。子どもはクラッカーを食べ始めた。しばらくして食べ終わると，また声を出して父親に腕を振った。父親は立ち上がり，コップに水を入れて戻ってきた。子どもの口にコップをあてると，子どもは水を飲んだ。（Mesman et al., 2018より，和訳・要約して引用）

父親は子どもに笑いかけたり声をかけたりすることがないのだが，子どもの近くにいて，子どものシグナルに気づいている。父親の対応によって子どもが満足している様子から，父親は子どものシグナルを適切に解釈していることもわかる。

　さらに複数の養育者が子どもを養育する環境においては，養育者個人の敏感性を評価するよりも，子どもの視点に立って，複数の養育者から総じて敏感に応答された程度を評価することが適当とメスマンは考え，「受けとった敏感性」を評価した。たとえば，フィリピンの女児の母親は子のシグナルに身体的に応答することもあるが，他に4人の幼い子を世話する疲れもあって応答できないときもあり，母親個人の敏感性は9段階の5（一貫性のない敏感な応答）という評価であった。母親が応答しにくいときに女児を抱っこしていた叔母は，9段階で8（とても敏感）と評価される高い敏感性を発揮した。さらに，いとこについては，女児の近くにいて世話をするものの，自分のしたいことを優先するときもあり，敏感性は5と評価された。単純に平均すると敏感性は6となるのだが，女児の立場に立って「受けとった敏感性」を評価すると7（十分に高い敏感性）であった（Mesman et al., 2016）。

日常や実践への応用

　早い時期から子どもは子ども部屋で眠り，自分の考えを言葉で明確に伝えることが期待されるような，個を尊重する欧米文化においては，敏感な養育行動は表情豊かな言葉かけで示されることが多い。アフリカや東南アジアなどでは，上記したように，欧米とは違う子育て様式のなかで養育者が敏感性を発揮している。敏感性は多様な

かたちで実現できることを知ると，親子が近い距離で過ごす（近くで就寝したり，抱っこやおんぶをしたりすることが多い）日本らしい文化のなかでの敏感性を目指せばいいと思えるだろう。さらに，子どもにも自分にも個性があるので，それぞれに合った関わり方で，子どものシグナルに応えることができればいい。

　筆者らは，親子関係支援の効果を検証するために，支援を受けた日本の母親たちの敏感性の変化を分析した結果，介入後の向上を認めたが，そもそも介入前の時点で多くの母親は高い敏感性を示していた（Kitagawa et al., 2023）。その一方で，山﨑ら（2018）が7万5622人の母親に行った調査によると，母親のおよそ4人に1人が「育児に自信がもてない」と答えていた（3～4ヵ月児の母親の20.2%，1歳6ヵ月児の母親の26.3%，3歳児の母親の27.6%）。核家族化が進んだ日本では，みずからが親になるまで子育てにふれる経験が少なく，すでに十分敏感に応答できているのに自信をもてない母親が多い可能性が考えられる。

エピソード 12-2

　母親が産後休業を終えるとき，父親が育児休業をとり，母親は職場復帰することになった。父親は，「自分の父親は仕事ばかりしていて，父親が子どもとどう関わるのか記憶がないから，自分にできるかな」という不安を母親に伝えた。母親に「私だって，赤ちゃん時代に母親にどう関わってもらったか記憶はないし，一緒だよ」と言われ，たしかにその通りだと思った。

　母親が出勤し，子どもと二人になる。小さなからだなのに，泣き声は切羽詰まっていて大きく聞こえる。母乳を与えていた母親の姿を思い出し，ミルクを作って与えるが飲まない。オムツも汚れてい

ない。抱いて部屋のなかを歩き回っているうちにストンと子どもは寝た。本当に気持ちよさそうな寝顔をしている。

　その後も同様のことを繰り返すうち，わが子は寝つきにくくて泣くことが多いと気づいた。ずっと抱いているのも大変なので，抱っこ紐を使おうとしたところ，抱く向きによって子どもの泣き声が大きくなったり小さくなったりし，好みの向きがあるようだった。

　夜も何度も寝かしつけることが必要で，父親も眠くて仕方なかった。実家の親が来てくれたとき，子どもを任せて，ぐっすり眠ってリフレッシュできた。この先，保育園も含めて，いろんな力を借りながら，元気に子どもと関われることが大切だと実感した。同時に，子どもと穏やかに過ごせる時間や，子どもの日々の様子を夫婦で分かち合える時間は，これまで経験したことがないほど幸せな時間だとも感じた。

　エピソードの父親は，子どもの泣き声を手がかりにみずからの関わりを調整し，ほどよい敏感性を発揮していた。敏感性とは完璧な応答ではなく，「ほどほど」の応答がよいとされている。「子どもの欲求に応えることがおよそ3割できていればいい」と「安心感の輪」子育てプログラム（Cooper et al., 2009）は伝えているが，子どもの泣きに気づき，「ミルクか，オムツか，あぁ眠かったのか」と求めていたことにたどりつけたら十分である。子どもにとっては，養育者の対応が自分の求めていることと違う場合，泣き声などで訴えると，それに気づいて関わりを修正してもらえた経験が自己効力感をもたらす。子どもの個性によっては，同じやり方がうまくいかないこともあり，その子どもに合った対応を探していく必要があるだ

ろう。その際にも子どもからの反応が手がかりになる。

　子どもの状態に応じてみずからの関わりを調整するためには，養育者自身も支えられることが大切である。一人で子育ての責任を担って，一息つくこともできなかったり，誰とも分かち合えなかったりする状況は養育者を追い詰める。養育者も人とのつながりのなかで安全・安心を感じられることで，自分らしい敏感性を発揮できるだろう。

　アタッチメントは誰もがもつ本能的欲求と考えられるものであり，本章で述べた通り，多様な文化における妥当性についての検証が進んでいる。今後一層，非欧米圏においてもアタッチメント研究が進むことが期待される。とくに，アタッチメント行動や敏感な応答が，多様な文化圏でどのように表れるかについての報告にふれると，「危機的状況で安全と安心を得る」という本質の理解が確かになる。具体的な言動は多様であっていいのだから，私たちらしいかたちで，大切な人との安心感に満ちた関係性を育むことを目指したい。

おわりに

　本書は雑誌『こころの科学』の連載「アタッチメントを学ぼう——関係性の理解と支援」に加筆修正を施し，書籍化したものである。他で発表した関連するテーマも，コラムとして追加した。2年間の連載の機会を与えていただき，関係性を理解し，支援に活かす，という関心から，アタッチメントの主なテーマについて述べてきた。
　筆者の見識の限界も含めて限られた内容であったと思うが，筆者の理解を整理して述べると同時に，研究知見を生活や実践に活かしやすいよう架空のエピソードを添えて伝えてきた。各章執筆時には，世界をリードするアタッチメント研究者が包括的なレビューを行っている *Handbook of Attachment* 第3版（Cassidy & Shaver, 2016）を中心に基本的な知見を踏まえると同時に，それ以降の新しい研究知見も確認して紹介した。エピソードは楽観的すぎるという批判もあるかもしれないと感じつつ，安全・安心に至るイメージを伝えたい意図もあった。ストレンジ・シチュエーション法の安定型の乳児と養育者の再会場面を見ると，不安な子どもがまっすぐに親を求め，親がそれに応えて慰め，子どもが落ち着きを取り戻す本当に短い場面であるが，誰もがホッとした気持ちになる。「これが基本なんだ。自分もこういうつながりを求めている」という思いを新たにできる。

連載を読んでくださったみなさまにも、「まったく知らなかったことを初めて聞いた」というより、「やはり、アタッチメントは大切だったんだ」と再認識する機会になったのではないかと想像している。アタッチメントは私たちみなが経験していることであり、生活者としての個人的な関係性において、また、さまざまな実践現場などで子どもと関わる際にも、人とのつながりに支えられ、うまくいかないときにつらい気持ちになり、修復できた喜びなどを感じてきていることだろう。アタッチメント理論を知ることで、たとえば、乳幼児の子育てに奮闘する養育者が、何はさておき子どもの不安にはしっかり応えようと優先順位を整理できるかもしれない。臨床実践の場では、行動上の問題を繰り返す子どもに、安全確保をしながら、行動の背後にあるこころの訴えを受けとめる対応の大切さの再認識につながるだろう。おそらくそうした対応をしようとチームでこころを砕いているものの、すぐには手応えが得られず無力感に陥ることもあるだろう。そういうときに、アタッチメントの視点に立ち返ることで、これまで大切にしてきた関わりが肯定され、励まされるかもしれない。大人である養育者や支援者も、困ったときに支えられることで力を発揮できる。誰にとっても関係性は重要で、だからこそうまくいかないときには傷つき、傷つきを支えることができるのも関係性なのだということをアタッチメント理論は教えてくれる。本書がその一助になればと願っている。

　最後に、本書執筆にあたっての謝辞を述べたい。日本評論社編集部の木谷陽平さんには、連載と書籍化の機会を与えていただいたことはもちろん、毎回の原稿に丁寧に目を通して前向きなコメントを伝えてくださり、とても支えられた。こころから御礼申し上げたい。

木谷さんには，遠藤利彦先生が編集された『入門　アタッチメント理論』（日本評論社）の分担執筆を筆者が担ったことに続き，お世話になった。遠藤利彦先生と数井みゆき先生は，日本におけるアタッチメント研究の第一人者である。先生方のおかげで筆者はアタッチメントについて学び，欧米の研究にふれ，日本でともにアタッチメント研究・実践に取り組む仲間を育むことができた。筆者に両先生を紹介してくれたのは学部時代の同級生の坂上裕子先生であり，筆者が自身の関心を深めるためにアタッチメント理論に依拠するきっかけを与えてくれたと同時に，発達研究への誠実な姿勢も間近で見せてくれた。アタッチメントに関する研究や研修などを共に行ってきた工藤晋平先生，中尾達馬先生，梅村比丘先生からは，それぞれの得意な領域について多くを学ばせていただいた。アタッチメント理論に基づく親子関係支援（「安心感の輪」子育てプログラム）の日本での実施は，安藤智子先生，久保信代先生，岩本沙耶佳さんたちと共に取り組めたおかげである。さらに多くの，名前を列挙したらきりがないほどのご縁にもこころから感謝申し上げる。筆者がみずからの関心に向かって存分に取り組むことができたのは家族のおかげである。何より，子どもが伝えてくれた数々のメッセージは身をもって学ぶ経験となり，親としての試行錯誤を夫と分かち合いながら自身も成長できたと感じている。ご縁に支えられながら筆者なりに学んできたことを，より多くの人と分かち合える場として，本書の執筆機会を与えていただけたことへの感謝の気持ちを改めて感じている。

2025年1月　北川　恵

［付録］本書で紹介したアタッチメント測定法の一覧

測定法	開発者	対象年齢	方法と得られる測定結果
ストレンジ・シチュエーション法 (Strange Situation Procedure: SSP)	Ainsworth et al. (1978)	12〜15ヵ月	【観察法・カテゴリー分類】実験室でアタッチメント行動を観察し4パターンに分類 ※5歳までを対象とするプレスクール版 (Cassidy et al., 1992) もある
アタッチメントQソート法 (Attachment Q-set: AQS)	Waters & Deane (1985)	1〜5歳	【観察法・尺度得点】日常場面での観察を通し，子どもが養育者を安心基地として振る舞う程度をQソート法を用いて振り分け，安定性得点（-1.0〜1.0）を算出
アタッチメント・ストーリー・コンプレション・タスク (Attachment Story Completion Task: ASCT)	Bretherton et al. (1990)	3歳	【物語法・カテゴリー分類や尺度得点】アタッチメント場面で起こりそうなことについての物語作成を求めて，アタッチメントに関する期待や予測を評価する方法。SSPに対応するカテゴリー分類や安定性得点を算出 ※3〜6歳対象のMacArthur Story Stem Battery (Bretherton & Oppenheim, 2003) や児童期対象版 (Brumariu & Kerns, 2010) など複数の種類がある
セキュリティ・スケール (Security Scale: SS)	Kerns et al. (1996) 日本語版は中尾・村上（2016）	9〜12歳	【質問紙法・尺度得点】子どもがアタッチメント対象を応答的で利用可能だと認識している程度を15項目4件法で回答を求める
成人アタッチメント面接 (Adult Attachment Interview: AAI)	Main et al. (1985) 詳細はHesse (1999)	成人	【面接法・カテゴリー分類】子ども時代の養育者とのアタッチメント来歴などを半構造化面接で尋ね，逐語記録に基づいて4カテゴリーに分類（SSPの分類と対応）
安心の基地スクリプト (Secure Base Script)	Waters & Waters (2006)	成人	【物語法・尺度得点】12の単語を示し，それらを使った物語作成を求める。逐語記録から，安心の基地スクリプト知識をもっている程度を7段階で評価する ※児童版 (Waters et al., 2015) や青年版 (Dykas et al., 2006) もある
親密な対人関係の経験尺度 (Experiences in Close Relationships inventory: ECR)	Brennan et al. (1998)	成人	【質問紙法・尺度得点】「不安」と「回避」の2次元の尺度得点を算出する。ECRや改訂版ECR-Rの対象は「親密な他者」との関係性。複数のアタッチメント対象との関係性を問うECR-RSもある ※質問紙による測定は，恋人とのアタッチメントスタイルの3分類 (Hazan & Shaver, 1987)，自己観・他者観の肯定的・否定的認識組み合わせによる4分類 (Bartholomew & Horowitz, 1991) を経て，ECRによる2次元評価へと発展した。中尾 (2017b) も参照のこと

引用文献

Ainsworth, M.D.S., Blehar, M.C., Waters, E. et al.（1978）. *Patterns of attachment: A psychological study of the strange situation*. Psychology Press.

Alink, L.R., Cicchetti, D., Kim, J. et al.（2009）. Mediating and moderating processes in the relation between maltreatment and psychopathology: Mother-child relationship quality and emotion regulation. *J Abnorm Child Psychol* 37: 831-843.

Allen, B., & Schuengel, C.（2020）. Attachment disorders diagnosed by community practitioners: A replication and extension. *Child Adolesc Ment Health* 25: 4-10.

Allen, J.P. & Tan, J.S.（2016）. The multiple facets of attachment in adolescence. In: Cassidy, J. & Shaver, P.R.（eds.）, *Handbook of attachment: Theory, research, and clinical applications. 3rd ed.* Guilford Press, pp.399-415.

American Psychiatric Association（2013）. *Diagnostic and statistical manual of mental disorders. Fifth edition.* American Psychiatric Publishing.（髙橋三郎, 大野裕監訳, 染矢俊幸, 神庭重信, 尾崎紀夫他訳, 2014『DSM-5 精神疾患の診断・統計マニュアル』医学書院）

安藤智子, 遠藤利彦（2005）.「青年期・成人期のアタッチメント」数井みゆき, 遠藤利彦編『アタッチメント――生涯にわたる絆』ミネルヴァ書房, pp.127-173.

Antonucci, T.C., Akiyama, H. & Takahashi, K.（2004）. Attachment and close relationships across the life span. *Attach Hum Dev* 6: 353-370.

Bakermans-Kranenburg, M.J. & van IJzendoorn, M.H.（2009）. The first 10,000 adult attachment interviews: Distributions of adult attachment representations in clinical and non-clinical groups. *Attach Hum Dev* 11: 223-263.

Bartholomew, K., & Horowitz, L.M.（1991）. Attachment styles among young adults: A test of a four-category model. *J Pers Soc Psychol* 61: 226-244.

Behrens, K.Y., Hesse, E. & Main, M.（2007）. Mothers' attachment status as determined by the Adult Attachment Interview predicts their 6-year-olds' reunion responses: A study conducted in Japan. *Dev Psychol* 43: 1553-1567.

Berlin, L.J., Zeanah, C.H. & Lieberman, A.F. (2016). Prevention and intervention programs to support early attachment security: A move to the level of the community. In: Cassidy, J. & Shaver, P.R. (eds.), *Handbook of attachment: Theory, research, and clinical applications*. 3rd ed. Guilford Press, pp.739-758.

Bernard, K., Dozier, M., Bick, J. et al. (2012). Enhancing attachment organization among maltreated children: Results of a randomized clinical trial. *Child Dev* 83: 623-636.

Bocknek, E.L., Sanderson, J. & Britner IV, P.A. (2009). Ambiguous loss and posttraumatic stress in school-age children of prisoners. *J Child Fam Stud* 18: 323-333.

Bornstein, M.H. & Manian, N. (2013). Maternal responsiveness and sensitivity reconsidered: Some is more. *Dev Psychopathol* 25: 957-971.

Boss, P. (2006). *Loss, trauma, and resilience: Therapeutic work with ambiguous loss*. W.W.Norton & Company. (中島聡美, 石井千賀子監訳, 2015『あいまいな喪失とトラウマからの回復——家族とコミュニティのレジリエンス』誠信書房)

Bowlby, J.: *Attachment and loss. Vol.1 Attachment*. Basic Books, 1982. (Original work published 1969)

Bowlby, J.: *Attachment and loss. Vol.2 Separation: Anxiety and anger*. Basic Books, 1973.

Bowlby, J.: *Attachment and loss. Vol.3 Loss: Sadness and depression*. Basic Books, 1980.

Brennan, K.A., Clark, C.L., & Shaver, P.R. (1998). Self-report measurement of adult attachment: An integrative overview. In: Simpson, J.A. & Rholes, W.S. (eds.), *Attachment theory and close relationships*. Guilford Press, pp.46-76.

Bretherton, I., & Oppenheim, D. (2003). The MacArthur Story Stem Battery: Development, administration, reliability, validity, and reflections about meaning. In: Emde, R.N., Wolf, D.P. & Oppenheim, D. (eds.), *Revealing the inner worlds of young children: The MacArthur Story Stem Battery and parent-child narratives*. Oxford University Press, pp.55-80.

Bretherton, I., Ridgeway, D. & Cassidy, J. (1990). Assessing internal working models of the attachment relationship: An attachment story completion task for 3-year-olds. In: Greenberg, M.T., Cicchetti, D. & Cummings, E.M. (eds.), *Attachment in the preschool years: Theory, research, and intervention*. University of Chicago Press, pp.273-308.

Brumariu, L.E. & Kerns, K.A. (2010). Mother-child attachment patterns and different types of anxiety symptoms: Is there specificity of relations? *Child*

Psychiatry Hum Dev 41: 663-674.
Brumariu, L.E. & Kerns, K.A. (2022). Parent-child attachment in early and middle childhood. In: Smith, P.K. & Hart, C.H. (eds.), *The Wiley-Blackwell handbook of childhood social development*. 3rd ed. John Wiley & Sons, pp.425-442.
Brumariu, L.E., Madigan, S., Giuseppone, K.R. et al. (2018). The security scale as a measure of attachment: Meta-analytic evidence of validity. *Attach Hum Dev* 20: 600-625.
Carlson, E.A. (1998). A prospective longitudinal study of attachment disorganization/disorientation. *Child Dev* 69: 1107-1128.
Cassidy, J. (2016). The nature of the child's ties. In: Cassidy, J. & Shaver, P.R. (eds.), *Handbook of attachment: Theory, research, and clinical applications*. 3rd ed. Guilford Press, pp.3-24.
Cassidy, J., Marvin, R.S. & the MacArthur Working Group on Attachment (1992). *Attachment organization in preschool children: Procedures and coding manual*. University of Virginia. (Unpublished manuscript)
Cassidy, J., Woodhouse, S.S., Cooper, G. et al. (2005). Examination of the precursors of infant attachment security: Implications for early intervention and intervention research. In: Berlin, L.J., Ziv, Y., Amaya-Jackson, L. et al. (eds.), *Enhancing early attachments: Theory, research, intervention, and policy*. Guilford Press, pp.34-60.
Cassidy, J., Woodhouse, S.S., Sherman, L.J. et al. (2011). Enhancing infant attachment security: An examination of treatment efficacy and differential susceptibility. *Dev psychopathol* 23: 131-148.
Chen, C.K., Waters, H.S., Hartman, M. et al. (2013). The secure base script and the task of caring for elderly parents: Implications for attachment theory and clinical practice. *Attach Hum Dev* 15: 332-348.
Cicchetti, D., Rogosch, F.A. & Toth, S.L. (2006). Fostering secure attachment in infants in maltreating families through preventive interventions. *Dev psychopathol* 18. 623 649.
Cicirelli, V.G. (2010). Attachment relationships in old age. *J Soc Pers Relat* 27: 191-199.
Cooke, J.E., Eirich, R., Racine, N. et al. (2020). Validation of the AMBIANCE-brief: An observational screening instrument for disrupted caregiving. *Infant Ment Health J* 41: 299-312.
Cooper, G., Hoffman, K. & Powell, B. (2009). Circle of security parenting©. A relationship based parenting program. Facilitator DVD manual 5.0. Circle of

Security International. (北川恵, 安藤智子, 松浦ひろみ他訳, 2013「『安心感の輪』子育てプログラム 認定講師用DVDマニュアル 日本語版1.0」)
De Wolff, M.S. & van Ijzendoorn, M.H. (1997). Sensitivity and attachment: A meta-analysis on parental antecedents of infant attachment. *Child Dev* 68: 571-591.
DeKlyen, M. & Greenberg, M.T. (2016). Attachment and psychopathology in childhood. In: Cassidy, J. & Shaver, P.R. (eds.), *Handbook of attachment: Theory, research, and clinical applications*. 3rd ed. Guilford Press, pp.639-666.
Dozier, M., Cue, K.L. & Barnett, L. (1994). Clinicians as caregivers: Role of attachment organization in treatment. *J Consult Clin Psychol* 62: 793-800.
Dozier, M., Peloso, E., Lindhiem, O. et al. (2006). Developing evidence-based interventions for foster children: An example of a randomized clinical trial with infants and toddlers. *J Soc Issues* 62: 767-785.
Dozier, M., Stovall, K.C. & Albus, K.E. (1999). Attachment and psychopathology in adulthood. In: Cassidy, J. & Shaver, P.R. (eds.), *Handbook of attachment: Theory, research, and clinical applications*. Guilford Press, pp.469-496.
Dykas, M.J., Woodhouse, S.S., Cassidy, J. et al. (2006). Narrative assessment of attachment representations: Links between secure base scripts and adolescent attachment. *Attach Hum Dev* 8: 221-240.
遠藤利彦, 田中亜希子 (2005).「アタッチメントの個人差とそれを規定する諸要因」数井みゆき, 遠藤利彦編『アタッチメント――生涯にわたる絆』ミネルヴァ書房, pp49-79.
Fearon, R.P., Bakermans-Kranenburg, M.J., van IJzendoorn, M.H. et al. (2010). The significance of insecure attachment and disorganization in the development of children's externalizing behavior: A meta-analytic study. *Child Dev* 81: 435-456.
Fearon, R.M.P. & Belsky, J. (2016). Precursors of attachment security. In: Cassidy, J. & Shaver, P.R. (eds.), *Handbook of attachment: Theory, research, and clinical applications*. 3rd ed. Guilford Press, pp.291-313.
Fraley, R.C. & Bonanno, G.A. (2004). Attachment and loss: A test of three competing models on the association between attachment-related avoidance and adaptation to bereavement. *Pers Soc psychol Bull* 30: 878-890.
Fraley, R.C. & Shaver, P.R. (2016). Attachment, loss, and grief: Bowlby's views, new developments, and current controversies. In: Cassidy, J. & Shaver, P.R. (eds.), *Handbook of attachment: Theory, research, and clinical applications. 3rd ed.* Guilford Press, pp.40-62.
Gajos, J.M., Miller, C.R., Leban, L. et al. (2022). Adverse childhood experiences

and adolescent mental health: Understanding the roles of gender and teenage risk and protective factors. *J Affect Disord* 314: 303-308, 2022.

Gastelle, M. & Kerns, K.A. (2022). A systematic review of representational and behavioral measures of parent-child attachment available for middle childhood. *Hum Dev* 66: 1-29.

Gause, N.K., Sales, J.M., Brown, J.L. et al. (2022). The protective role of secure attachment in the relationship between experiences of childhood abuse, emotion dysregulation and coping, and behavioral and mental health problems among emerging adult Black women: A moderated mediation analysis. *J Psychopathol Clin Sci* 131: 716-726.

Granqvist, P., Sroufe, L.A., Dozier, M. et al. (2017). Disorganized attachment in infancy: A review of the phenomenon and its implications for clinicians and policy-makers. *Attach Hum Dev* 19: 534-558.

Groh, A.M., Roisman, G.I., van IJzendoorn, M.H. et al. (2012). The significance of insecure and disorganized attachment for children's internalizing symptoms: A meta-analytic study. *Child Dev* 83: 591-610.

Hazan, C. & Shaver, P. (1987): Romantic love conceptualized as an attachment process. *J Pers Soc Psychol* 52: 511-524.

Hesse, E. (1999). The adult attachment interview: Historical and current perspectives. In: Cassidy, J. & Shaver, P.R. (eds.), *Handbook of attachment: Theory, research, and clinical applications*. Guilford Press, pp.395-433.

Hesse, E. (2016). The adult attachment interview: Protocol, method of analysis, and empirical studies: 1985-2015. In: Cassidy, J. & Shaver, P.R. (eds.), *Handbook of attachment: Theory, research, and clinical applications. 3rd ed*. Guilford Press, pp.553-597.

Hoffman, K.T., Marvin, R.S., Cooper, G. et al. (2006). Changing toddlers' and preschoolers' attachment classifications: The circle of security intervention. *J Consult Clin Psychol* 74: 1017-1026.

Holmes, J. (1993). *John Bowlby and attachment theory*. Routledge, 1993. (黒田実郎, 黒田聖一訳, 1996『ボウルビィとアタッチメント理論』岩崎学術出版社)

Huber, A., McMahon, C.A. & Sweller, N. (2015a). Efficacy of the 20-week circle of security intervention: Changes in caregiver reflective functioning, representations, and child attachment in an Australian clinical sample. *Infant Ment Health J* 36: 556-574.

Huber, A., McMahon, C.A. & Sweller, N. (2015b). Improved child behavioural and emotional functioning after Circle of Security 20-week intervention. *Attach*

Hum Dev 17: 547-569.
Jin, M.K., Jacobvitz, D., Hazen, N. et al.（2012）. Maternal sensitivity and infant attachment security in Korea: Cross-cultural validation of the Strange Situation. *Attach Hum Dev* 14: 33-44.
Juffer, F., Bakermans-Kranenburg, M.J. & van IJzendoorn, M.H.（eds.）（2008）. *Promoting positive parenting: An attachment-based intervention*. Taylor & Francis Group/Lawrence Erlbaum Associates.
数井みゆき（2017）.「アタッチメントQソート法」北川恵，工藤晋平編『アタッチメントに基づく評価と支援』誠信書房, pp.87-101.
数井みゆき（2021）.「父子関係と子どもの発達」数井みゆき編著『養育者としての男性――父親の役割とは何か』ミネルヴァ書房, pp.69-97.
数井みゆき, 遠藤利彦（2005）.「はじめに　なぜ，今，アタッチメントなのか」数井みゆき, 遠藤利彦編『アタッチメント――生涯にわたる絆』ミネルヴァ書房, pp.i-iii.
数井みゆき, 利根川智子（2005）.「文化とアタッチメント」数井みゆき, 遠藤利彦編『アタッチメント――生涯にわたる絆』ミネルヴァ書房, pp.223-224.
Kerns, K.A. & Brumariu, L.E.（2016）. Attachment in middle childhood. In: Cassidy, J. & Shaver, P.R.（eds.）, *Handbook of attachment: Theory, research, and clinical applications. 3rd ed*. Guilford Press, pp.349-365.
Kerns, K.A., Klepac, L., & Cole, A.（1996）. Peer relationships and preadolescents' perceptions of security in the child-mother relationship. *Dev Psychol* 32: 457-466.
北川恵（2015）.「アタッチメントに基づく親子関係支援――サークル・オブ・セキュリティ・プログラム　在宅での支援・治療①」青木豊編著『乳幼児虐待のアセスメントと支援』岩崎学術出版社, pp.101-115.
北川恵（2018）.「2018年度国際ワークショップおよび公開講演会のご報告〈参加者による報告2〉」『日本発達心理学会ニューズレター』86: 16.
北川恵（2021）.「アタッチメントの病理・問題と臨床実践」遠藤利彦編『入門アタッチメント理論――臨床・実践への架け橋』日本評論社, pp.155-167.
北川恵, 安藤智子, 松浦ひろみ他訳（2013）.「『安心感の輪』子育てプログラム認定講師用DVDマニュアル日本語版1.0」（Cooper, G., Hoffman, K., Powell, B.〔2009〕. Circle of security parenting®. A relationship based parenting program. Facilitator DVD Manual 5.0.）（未公刊，ファシリテーター研修時に配布）
Kitagawa, M., Emmen, R., Garcia, C. et al.（2023）. A pilot study on the effects of an attachment-based intervention in Japan. Poster presented at the 18th World

Congress of the World Association for Infant Mental Health.
Kitagawa, M., Iwamoto, S., Umemura, T. et al.（2022）. Attachment-based intervention improves Japanese parent-child relationship quality: A pilot study. *Curr Psychol* 41: 8568-8578.
北川恵, 工藤晋平編（2017）.『アタッチメントに基づく評価と支援』誠信書房
近藤清美（2011）.「ビデオフィードバックを用いた母子関係の介入──ビデオ視聴後の母親の気づき」『北海道医療大学心理科学部研究紀要』7: 1-9.
Kondo-Ikemura, K., Behrens, K.Y., Umemura, T. et al.（2018）. Japanese mothers' prebirth Adult Attachment Interview predicts their infants' response to the Strange Situation Procedure: The strange situation in Japan revisited three decades later. *Dev Psychol* 54: 2007-2015.
厚生労働省（2024）.「健康寿命の令和4年値について（第4回健康日本21（第三次）推進専門委員会資料1-1）」（https://www.mhlw.go.jp/content/10904750/001363069.pdf）
久保樹里（2021）.「個別と集団に橋を架ける─児童養護施設の混乱と言葉の回復」村上靖彦編『すき間の子ども, すき間の支援──一人ひとりの「語り」と経験の可視化』明石書店, pp.183-222.
工藤晋平（2020）.『支援のための臨床的アタッチメント論──「安心感のケア」に向けて』ミネルヴァ書房
Lieberman, A.F., van Horn, P. & Ippen, C.G.（2005）. Toward evidence-based treatment: Child-parent psychotherapy with preschoolers exposed to marital violence. *J Am Acad Child Adolesc Psychiatry* 44: 1241-1248.
Madigan, S., Fearon, R.M.P., van IJzendoorn, M.H. et al.（2023）. The first 20,000 strange situation procedures: A meta-analytic review. *Psychol Bull* 149: 99-132.
Magai, C., Frías, M.T. & Shaver, P.R.（2016）. Attachment in middle and later life. In: Cassidy, J. & Shaver, P.R.（eds.）, *Handbook of attachment: Theory, research, and clinical applications*. 3rd ed. Guilford Press, pp.534-552.
Magai, C., Hunziker, J., Mesias, W. et al.（2000）. Adult attachment styles and emotional biases. *Int J Behav Dev* 24: 301-309.
Main, M. & Cassidy, J.（1988）. Categories of response to reunion with the parent at age 6: Predictable from infant attachment classifications and stable over a 1-month period. *Dev Psychol* 24: 415-426.
Main, M. & Hesse, E.（1990）. Parents' unresolved traumatic experiences are related to infant disorganized attachment status: Is frightened and/or frightening parental behavior the linking mechanism? In: Greenberg, M.T., Cicchetti, D. & Cummings, E.M.（eds.）, *Attachment in the preschool years:*

Theory, research, and intervention. University of Chicago Press, pp.161-182.

Main, M., Kaplan, N. & Cassidy, J.（1985）. Security in infancy, childhood, and adulthood: A move to the level of representation. *Monogr Soc Res Child Dev* 50: 66-104.

Main, M. & Solomon, J.（1986）. Discovery of an insecure-disorganized/disoriented attachment pattern. In: Brazelton, T.B. & Yogman, M.W.（eds.）, *Affective development in infancy*. Ablex Publishing, pp.95-124.

Main, M. & Solomon, J.（1990）. Procedures for identifying infants as disorganized/disoriented during the Ainsworth Strange Situation. In: Greenberg, M.T., Cicchetti, D. & Cummings, E.M.（eds.）, *Attachment in the preschool years: Theory, research, and intervention*. University of Chicago Press, pp.121-160.

Merz, E.-M., Consedine, N.S., Schulze, H.-J. et al.（2009）. Wellbeing of adult children and ageing parents: Associations with intergenerational support and relationship quality. *Ageing Soc* 29: 783-802.

Mesman, J., Minter, T. & Angnged, A.（2016）. Received sensitivity: Adapting Ainsworth's scale to capture sensitivity in a multiple-caregiver context. *Attach Hum Dev* 18: 101-114.

Mesman, J., Minter, T., Angnged, A. et al.（2018）. Universality without uniformity: A culturally inclusive approach to sensitive responsiveness in infant caregiving. *Child Dev* 89: 837-850.

Mesman, J., van IJzendoorn, M.H. & Sagi-Schwartz, A.（2016）. Cross-cultural patterns of attachment: Universal and contextual dimensions. In: Cassidy, J. & Shaver, P.R.（eds.）, *Handbook of attachment: Theory, research, and clinical applications. 3rd ed.* Guilford Press, pp.852-877.

内閣府（2018）.「平成30年版高齢社会白書」(https://www8.cao.go.jp/kourei/whitepaper/w-2018/html/zenbun/s1_3_2_1.html)

中島聡美（2015）.「女性における複雑性悲嘆――愛着と養育の視点から」『武蔵野大学人間科学研究所年報』5: 29-39.

中尾達馬（2017a）.「児童期から成人期のアタッチメント」北川恵, 工藤晋平編『アタッチメントに基づく評価と支援』誠信書房, pp.46-62.

中尾達馬（2017b）.「質問紙法」北川恵, 工藤晋平編『アタッチメントに基づく評価と支援』誠信書房, pp.117-134.

中尾達馬（2021）.「児童期におけるアタッチメント」遠藤利彦編『入門 アタッチメント理論――臨床・実践への架け橋』日本評論社, pp.113-126.

中尾達馬, 村上達也（2016）.「児童期中期におけるアタッチメントの安定性を測定する試み――カーンズ・セキュリティ・スケール（KSS）の日本語版作

成」『発達心理学研究』27: 72-82.
Oppenheim, D. & Goldsmith, D.F. (eds.) (2008). *Attachment theory in clinical work with children: Bridging the gap between research and practice*. Guilford Press. (数井みゆき, 北川恵, 工藤晋平他訳, 2011『アタッチメントを応用した養育者と子どもの臨床』ミネルヴァ書房)
Oppenheim, D. & Koren-Karie, N. (2002). Mothers' insightfulness regarding their children's internal worlds: The capacity underlying secure child-mother relationships. *Infant Ment Health J* 23: 593-605.
Papalia, N. & Widom, C.S. (2023). Do insecure adult attachment styles mediate the relationship between childhood maltreatment and violent behavior? *Dev Psychopathol* 36: 636-647.
Pearson, J.L., Cohn, D.A., Cowan, P.A. et al. (1994). Earned-and continuous-security in adult attachment: Relation to depressive symptomatology and parenting style. *Dev Psychopathol* 6: 359-373.
Pinquart, M., Feussner, C. & Ahnert, L. (2013). Meta-analytic evidence for stability in attachments from infancy to early adulthood. *Attach Hum Dev* 15: 189-218.
Powell, B., Cooper, G., Hoffman, K. et al. (2014). *The circle of security intervention: Enhancing attachment in early parent-child relationships*. Guilford Press.
Powell, K.A. & Afifi, T.D. (2005). Uncertainty management and adoptees' ambiguous loss of their birth parents. *J Soc Pers Relat* 22: 129-151.
坂上裕子, 山口智子, 林創他 (2024).『問いからはじめる発達心理学 [改訂版] ——生涯にわたる育ちの科学』有斐閣
Saunders, R., Jacobvitz, D., Zaccagnino, M. et al. (2011). Pathways to earned-security: The role of alternative support figures. *Attach Hum Dev* 13: 403-420.
Slade, A. (2016). Attachment and adult psychotherapy: Theory, research, and practice. In: Cassidy, J. & Shaver, P.R. (eds.), *Handbook of attachment: Theory, research, and clinical applications*. 3rd ed. Guilford Press, pp.759-779.
Smith, J.A., Durham, D., Price-Cameron, M. et al. (2023). The longitudinal interplay between insecure attachment behaviors and psychosocial strengths among children in child welfare services. *Dev Psychopathol* 36: 578-588.
Sroufe, L.A., Egeland, B., Carlson, E.A. et al. (2005). *The development of the person: The Minnesota study of risk and adaptation from birth to adulthood*. Guilford Press.
Stovall-McClough, K.C. & Dozier, M. (2016). Attachment states of mind and psychopathology in adulthood. In: Cassidy, J. & Shaver, P.R. (eds.), *Handbook of attachment: Theory, research, and clinical applications*. 3rd ed. Guilford

Press, pp.715-738.
Talia, A., Daniel, S.I.F., Miller-Bottome, M. et al. (2014). AAI predicts patients' in-session interpersonal behavior and discourse: A "move to the level of the relation" for attachment-informed psychotherapy research. *Attach Hum Dev* 16: 192-209.
Tronick, E.Z. & Cohn, J.F. (1989). Infant-mother face-to-face interaction: Age and gender differences in coordination and the occurrence of miscoordination. *Child Dev* 60: 85-92.
上野永子, 北川恵 (2017).「面接法――成人アタッチメント面接」北川恵, 工藤晋平編『アタッチメントに基づく評価と支援』誠信書房, pp.102-116.
梅村比丘 (2017).「ストレンジ・シチュエーション法」北川恵, 工藤晋平編『アタッチメントに基づく評価と支援』誠信書房, pp.68-86.
Umemura, T., Iwamoto, S. & Tanaka, H. (2022). Japanese infants' attachment insecurity and externalizing/internalizing problems: Using strange situation and attachment Q-sort methods. *Infant Ment Health J* 43: 910-920.
van Assche, L., Luyten, P., Bruffaerts, R. et al. (2013). Attachment in old age: Theoretical assumptions, empirical findings and implications for clinical practice. *Clin Psychol Rev* 33: 67-81.
van Heijningen, C.J.M., van Berkel, S.R., Rosinda, S.J. et al. (2023). Long-term effects of experiencing childhood parental death on mental and physical health: A NESDA study. *Stress Health:* e3322.
van IJzendoorn, M.H. (1990). Developments in cross-cultural research on attachment: Some methodological notes. *Hum Dev* 33: 3-9.
van IJzendoorn, M.H. (1995). Adult attachment representations, parental responsiveness, and infant attachment: A meta-analysis on the predictive validity of the Adult Attachment Interview. *Psychol Bull* 117: 387-403.
van IJzendoorn, M.H. & Kroonenberg, P.M. (1988). Cross-cultural patterns of attachment: A meta-analysis of the strange situation. *Child Dev* 59: 147-156.
van IJzendoorn, M.H., Vereijken, C.M.J.L., Bakermans-Kranenburg, M.J. et al. (2004). Assessing attachment security with the Attachment Q Sort: Meta-analytic evidence for the validity of the observer AQS. *Child Dev* 75: 1188-1213.
Vaughn, B.E. & Waters, E. (1990). Attachment behavior at home and in the laboratory: Q-sort observations and strange situation classifications of one-year-olds. *Child Dev* 61: 1965-1973.
Waters, E. (1987). Attachment Q-set (Version 3). (https://psychology.psy.sunysb.

edu/attachment/measures/content/aqs_items.pdf)
Waters, E. & Deane, K.E. (1985). Defining and assessing individual differences in attachment relationships: Q-methodology and the organization of behavior in infancy and early childhood. *Monogr Soc Res Child Dev* 50: 41-65.
Waters, E., Merrick, S., Treboux, D. et al. (2000). Attachment security in infancy and early adulthood: A twenty-year longitudinal study. *Child Dev* 71: 684-689.
Waters, H.S., & Waters, E. (2006). The attachment working models concept: Among other things, we build script-like representations of secure base experiences. *Attach Hum Dev* 8: 185-197.
Waters, T.E.A., Bosmans, G., Vandevivere, E. et al. (2015). Secure base representations in middle childhood across two Western cultures: Associations with parental attachment representations and maternal reports of behavior problems. *Dev Psychol* 51: 1013-1025.
Weinfield, N.S., Sroufe, L.A. & Egeland, B. (2000). Attachment from infancy to early adulthood in a high-risk sample: Continuity, discontinuity, and their correlates. *Child Dev* 71: 695-702.
山﨑さやか, 篠原亮次, 秋山有佳他 (2018). 「乳幼児を持つ母親の育児不安と日常の育児相談相手との関連——健やか親子21最終評価の全国調査より」『日本公衆衛生雑誌』65: 334-346.
Zeanah, C.H. Jr. & Boris, N.W. (2000). Disturbances and disorders of attachment in early childhood. In: Zeanah, C.H. Jr. (ed.), *Handbook of infant mental health. 2nd ed.* Guilford Press, pp.353-368.
Zeanah, C.H., & Guyon-Harris, K.L. (2020). Commentary: Increasing diagnostic precision in reactive attachment disorder - a commentary on Allen & Schuengel (2019). *Child Adolesc Ment Health* 25: 11-12.
Ziefman, D.M. & Hazan, C. (2016). Pair bonds as attachments: Mounting evidence in support of Bowlby's hypothesis. In: Cassidy, J. & Shaver, P.R. (eds.), *Handbook of attachment: Theory, research, and clinical applications. 3rd ed.* Guilford Press, pp.416-434.

索　引

あ行

あいまいな喪失　111
アタッチメントQソート法　55-56, 65, 165, 174
アタッチメント軽視型／軽視型　83-84, 108, 122, 151, 153, 156
アタッチメント行動　18-21, 28-30, 52-55, 57, 61, 63, 65, 75, 79, 80-82, 85, 106-107, 118, 120-121, 126, 145, 150-151, 159, 161-162, 170, 174
アタッチメント障害　61, 117-121, 130
アタッチメント信号　23, 25-26, 39, 139, 150
アタッチメント・スクリプト法（「安心の基地スクリプト」の評価）　65
アタッチメント・スタイル　85, 96, 110
アタッチメント対象　18, 20, 27, 31, 33, 57, 64-66, 78, 80-81, 85-87, 94, 102, 107, 109, 115, 118-119, 121, 124, 145, 174
アタッチメント対象がもつ四つの機能　86, 94
アタッチメントの個人差　27-28, 31, 39, 51, 65, 81-82, 90, 96, 107, 120, 150, 158
アタッチメントの質　17, 32-33, 39-40, 42, 64, 68, 72, 75-76, 81, 83, 90, 93, 96, 98, 102, 131-132, 151, 153-154, 159, 163
アタッチメントの修正体験　36, 90, 129
アタッチメントの伝達モデル　131, 139
アタッチメントの普遍性　17, 160
アタッチメントの分類　17, 83, 108, 160-161
アタッチメントの連続性　31-32
　時間的連続性　68, 93
アタッチメント表象　65, 69, 80-81, 131
アタッチメント方略　36, 87, 90, 122, 139, 154-155
アタッチメント欲求　19-21, 23-31, 33, 37, 39, 52, 58, 63-64, 71, 73-80, 88, 90, 93, 100, 102, 106-107, 109, 121, 127-129, 134, 139, 142, 145-148, 150, 152, 154, 156, 158-159
安心感の輪　135-138, 145
「安心感の輪」子育てプログラム　74, 77, 135, 139, 141-142, 145-146, 148, 169
安心基地行動　42, 55-56, 165
安心基地行動の歪み　119-121
安心の基地　19-20, 24, 26, 55, 57-58, 64-65, 68, 70, 72, 85-86, 94-95, 98, 145, 148, 159
安心の基地スクリプト　65, 98, 174
安全な避難所　64, 68, 72, 85-86, 94-95, 145

安定型　28-29, 32, 40, 46, 51, 53-54, 56, 59, 67-69, 81, 85, 107, 121, 133, 152, 160-164
安定型標準仮説　161-162, 164
安定自律型　83-84, 108, 151-153
アンビバレント型　28-30, 51, 53-54, 59, 67, 81, 85, 108, 121-122, 139, 150, 152, 160, 164-165
一般化した／されたアタッチメント表象　69, 80-81
受けとった敏感性　167
影響の受けやすさ　40, 109, 123-124
エインズワース，メアリー　18-19, 39-41, 51-52, 55, 159-160, 165
親子関係支援プログラム　131-132, 145

か行

外向性次元の問題　68, 121-122, 125, 165
回避　28-29, 31, 37, 54, 83, 86, 89-90, 96, 110-111, 113, 151, 154, 174
回避型　28-30, 51, 53, 67, 69, 81, 85, 107, 121-123, 139, 150, 152, 154, 160, 164-165
獲得安定型　84, 88, 152
関係特異的なアタッチメント／（アタッチメントを）関係特異的に形成　33, 68, 80-81
完熟したアタッチメント　94
毅然とした態度／毅然とした対応／毅然と対応　71-72, 76-77, 147
こころの状態　82-83, 87-88, 107-108, 151-152
子ども時代の逆境的な経験／逆境的な経験　117, 124-125, 132

さ行

最小化方略　29-30, 80, 83, 88, 121
最大化方略／最大化する方略　29-30, 81, 107, 121, 139
質問紙法　65-66, 87, 174
シャーク・ミュージック　139-141
親密な対人関係の経験／親密な対人関係の経験尺度　86, 174
親密な他者　80, 85, 87, 90, 96, 174
心理教育　134-135
人類共通性仮説　161
推定される養育者の行動　82
ストレンジ・シチュエーション法　18, 22, 28-29, 33, 51-54, 56, 59, 61, 96, 115, 121, 124, 151, 159-162, 164-165, 174
成人アタッチメント面接　82-84, 86-89, 96, 107-108, 151-153, 156, 174
セキュリティ・スケール　66, 174

た・な行

脱抑制型対人交流障害　118, 121
探索行動　19-20, 29, 53, 55, 145
洞察力　44-45, 47, 49
とらわれ型　83-84, 108, 122-123, 152-154
とらわれた怒り　83, 151-152
内向性次元の問題　68, 111, 121-122, 125, 165
内的ワーキングモデル　29-30, 32-33, 36, 81-83, 124, 151

は行

反応性アタッチメント障害　118-

121, 130
ピア 85-86, 94
悲嘆の過程／悲嘆のプロセス 106-107, 111, 113
悲嘆の欠如 107-108
ビデオ振り返り 134, 142
表象モデル 33, 36
敏感性 39-43, 49, 68, 133, 154, 162, 165-170
敏感性仮説 161-162
不安 21-23, 26-30, 33, 48-49, 52-53, 58-60, 63, 73-81, 86, 90, 95-96, 98-100, 109-112, 114-115, 122, 125, 127-130, 139-140, 144-145, 158, 168, 171-172, 174
複雑性悲嘆 109-110
ボウルビィ，ジョン 17-18, 26, 30, 40, 51, 105-107, 117, 131, 149-150, 159-160

ま・や・ら行

慢性的な悲嘆 107-108
未解決型 83-84, 108, 113, 122, 152
未組織型アタッチメント 29, 31
無秩序・無方向型 28-30, 43, 51, 53-55, 67, 81, 108, 113, 121-122, 124, 133, 139, 151-152, 164-165
物語作成法 65-67
役割逆転 31, 82

有能性仮説 161, 163, 165
寄り添う態度／寄り添う関わり／寄り添う（寄り添った）言葉／寄り添い 33, 36, 49, 58, 71, 75-78, 115-116, 138, 140, 146-148
理想化 83-84, 88, 151-152

A to Z

AAI →成人アタッチメント面接
ACE →子ども時代の逆境的な経験
AMBIANCE 43
AMBIANCE-Brief 43
AQS →アタッチメントQソート法
ECR →親密な対人関係の経験尺度
IWM →内的ワーキングモデル
SSP →ストレンジ・シチュエーション法
The Attachment and Biobehavioral Catch-up（ABC） 132-133
The Child-Parent Psychotherapy（CPP） 132
The Circle of Security（COS） 16, 134-135, 142
The Circle of Security Parenting（COSP）プログラム 131, 135, 137-138
The Video-Feedback Intervention to Promote Positive Parenting（VIPP） 133

本書は『こころの科学』226〜237号連載「アタッチメントを学ぼう——関係性の理解と支援」に加筆修正を施し，書籍化したものです。ただしコラムの初出は下記の通りです。

コラム①：「アタッチメントと感情——親子関係支援の実践から」『こころの科学』204号，15-20頁，2019年
コラム②：「子どもを必要以上に叱ってしまう親——虐待の未然防止を考える」『児童心理』71巻，970-974頁，2017年

著者————

北川　恵（きたがわ・めぐみ）

甲南大学文学部人間科学科教授。京都大学大学院教育学研究科博士課程修了。京都大学博士（教育学）。臨床心理士，公認心理師。専門は臨床心理学，人格発達心理学，発達臨床心理学，アタッチメント理論。四天王寺国際仏教大学講師，同助教授（准教授），甲南大学准教授を経て2012年より現職。著書に『アタッチメントに基づく評価と支援』（共編，誠信書房），『入門 アタッチメント理論』（分担執筆，日本評論社）などがある。

アタッチメントを学ぼう
──エピソードでつなぐ関係性の理解と支援

2025年4月1日　第1版第1刷発行

著　者──北川　恵
発行所──株式会社日本評論社
　　　　〒170-8474　東京都豊島区南大塚3-12-4
　　　　電話 03-3987-8598（編集）-8621（販売）
　　　　振替 00100-3-16
印刷所──港北メディアサービス
製本所──難波製本
装　画──やすだゆみ
装　幀──後藤葉子（森デザイン室）

Ⓒ Kitagawa, M. 2025
ISBN 978-4-535-98544-5　　　Printed in Japan

[JCOPY] ＜(社)出版者著作権管理機構　委託出版物＞
本書の無断複写は著作権法上での例外を除き禁じられています。複写される場合は、そのつど事前に、(社)出版者著作権管理機構（電話 03-5244-5088、FAX 03-5244-5089、e-mail: info@jcopy.or.jp）の許諾を得てください。
また、本書を代行業者等の第三者に依頼してスキャニング等の行為によりデジタル化することは、個人の家庭内の利用であっても、一切認められておりません。

入門 アタッチメント理論
臨床・実践への架け橋
遠藤利彦[編]

養育者等との関係性が生涯に及ぼす影響を包括的に説明するアタッチメント理論。その基礎から実証研究、臨床応用までを丁寧に解説。●定価2,640円(税込)

児童養護施設で暮らすということ
子どもたちと紡ぐ物語
楢原真也[著]

傷つきを抱えながらも懸命に生きる児童養護施設の子どもたち。その心の機微や輝き、傍らで支える職員の思いを温かな筆致で描く。　●定価1,980円(税込)

性をはぐくむ親子の対話
この子がおとなになるまでに
野坂祐子・浅野恭子[著]

自分のこころとからだと性を、ここちよく感じられるようになるために。子どもとおとなが一緒に性について学び、対話するヒント。　●定価1,760円(税込)

子どもの「逆境」を救え
ACE(小児期逆境体験)を乗り越える科学とケア
若林巴子[著]

貧困、ネグレクトなど子ども期の逆境体験は、後の人生に大きく影響する。その実態と、レジリエンスを育み困難を乗り越えるケアを探る。●定価1,870円(税込)

アタッチメントの精神医学
愛着障害と母子臨床
山下 洋[著]

周産期以降の母子への多職種による支援が、不適切養育とその連鎖を抑止する。愛着理論の基礎から臨床実践、最新の実証研究まで。●定価2,970円(税込)

日本評論社
https://www.nippyo.co.jp/